Colección ao coidado de Helena Pérez

Ilustración da cuberta: Manuel Uhía
Deseño da cuberta: Miguel Vigo
Produción: Xosé M. García Crego
Fotografías: Familia Novoneyra / Cibrán Silleiro / Faro de Vigo
        Manuel G. Vicente / Xosé Lois García / Arquivo Xerais

1ª edición: marzo 2010

© Fran Alonso, 2010
  www.franalonso.eu
© da antoloxía poética: herdeiros de Uxío Novoneyra, 2010
© Edicións Xerais de Galicia, S.A., 2010
Dr. Marañón, 12. 36211 VIGO.
xerais@xerais.es
ISBN: 978-84-9914-122-0
Depósito legal: VG 231-2010

Impreso en Lavel, S. A.
Polígono Ind. Los Llanos, nave 6
Humanes-Madrid

merlín

Folerpas de Novoneyra

Biografía e antoloxía

Fran Alonso

EDICIÓNS **XERAIS** DE GALICIA

1

FOLERPAS

A poesía de Uxío Novoneyra cae donda e manseliña sobre o papel. Cae imperceptiblemente, cae amodo, de vagar, cae case coma se non caese, enchoupando a folla de palabras sen que se note, sen que se advirta. A poesía de Uxío Novoneyra cae docemente sobre o papel, pero ao caer amárrase a el con esas raiceiras profundas e vitais coas que foi escrita. As palabras de Novoneyra esvaran polo papel coma a neve suave da serra, esa neve que cae, folerpa a folerpa, falopiña a falopiña, «e nin o vento a arremuíña nin a auga a desfai».

Os seus poemas nacen da terra do Courel, desa forma intensa e labrega que o poeta tiña de sentir a terra, de percibila, de observala, de integrarse nela para comprendela, para verlle as tripas. Novoneyra considerábase un labrego da palabra, coma quen sementa e sacha nela, e estaba convencido de que nacera predestinado para traballar a palabra: a súa misión de poeta era ensanchala, imprimirlle beleza, comunicala, transmitila, dicila, escribila, reinventala.

A poesía de Uxío Novoneyra xestouse na mesma casa en que naceu o poeta, a Casa da Fonte, en Parada do Courel, tamén coñecida como Casa do Crego. É unha casa ancestral, robusta e firme, grande e xenerosa, que puxo en pé o seu bisavó sobre outra anterior, máis antiga, que lle traía a lembranza de toda a súa tradición familiar. Nun dos seus versos, Novoneyra dicía, falando da casa: «ando a tocarlle as maos ós antepasados». E tocáballas, porque nas portas, nos cuartos, nas trancas, nas paredes, nas troneiras, nas lareiras, na adega, no curral, nas palleiras, estaba impregnada a súa memoria, que era a memoria dunha familia labrega acomodada. Neses elementos domésticos e na terra sobre a que descansaban prendeu a faísca que fixo agromar a súa poesía.

A súa poesía, por suposto, naceu da propia terra, á que estaría sempre tan vencellado, esa terra do Courel, alta e afastada, presidida polos cumes, protexida polos castiñeiros, onde cae unha neve «de mosquitos», fina, polvoriña, tan donda e mol coma o enigmático instinto que, sen que Uxío Novoneyra se decatase, o puxo a escribir poesía. Case se podería dicir que desde o día en que naceu. E, para el, ser poeta era un privilexio, e a palabra «poeta» era unha palabra que veneraba. Á poesía dedicoulle a vida enteira porque, como declarou, «acabei servindo á palabra poeta».

2

O NENO EUGENIO

Uxío Novoneyra naceu mentres transcorría o áspero inverno do Courel, a inicios do ano 1930, na aldea de Parada. A aldea atópase no concello de Folgoso, perto de Seoane, subindo, subindo, subindo, entre fortes pendentes e robustos castiñeiros. Alí é todo tan encostado, tan en pendente que, como dicía Novoneyra, chámanlle chan a «calquera eido pouco costo». Naquela época o xeito máis habitual de chegar alí era a lombos dun cabalo ou dun burro. O escritor lugués Ánxel Fole, que logo sería moi amigo de Novoneyra, escribiu no seu libro

Á lus do candil que a terra do Courel era «áspera e forte, de inxente beleza», unha «terra brava de lobos e águias; terra outa de fragas e devesas».

A Casa da Fonte, a que habitaba a familia de Novoneyra, estaba feita de pedra e cal vello e tiña unha solaina que daba par ao sur:

A casa de pedra e cal vella
—solaina e ventanas prá serra—
feita fai cen anos á miña maneira!

O poeta non chegou a coñecer máis que a unha avoa, que se chamaba Petra Vello (ese nome, Petra, poñeríallo despois á súa primeira filla, por certo). A avoa era do Cebreiro pero viñera do Bierzo, xa en León. O seu avó, Ulises Neira, morrera antes de el nacer, e os outros dous, os paternos (Manuel Novo e a avoa Benita) morreron cando Uxío tiña só dous anos. Legáronlle, iso si, os apelidos, Novo Neira, que logo Uxío uniría e empregaría para asinar os seus poemas como Novoneyra. Naquela época o galego era usado pola inmensa maioría da poboación de Galicia pero tiña escaso prestixio social xa que, desde o poder, levábase moitos anos impoñendo o castelán. Esa circunstancia potenciouse a partir do alzamento militar do 36, cando o galego foi reprimido con dureza. Non é de estrañar, xa que logo, que aínda que a familia fose galegofalante, ao neno lle chamasen, claro, polo nome con que fora bautizado, en castelán, que era Eugenio. Foi o escritor lugués Ánxel Fole quen comezou a chamarlle Uxío, cando xa era mozo.

O que tamén lle legaron os seus avós, e mais a nai e o pai, foi a lingua e, máis concretamente, a fala, é dicir, o galego que Novoneyra falaba que, segundo el mesmo dixo, se diferenciaba un chisco do do resto da aldea, porque os seus avós procedían doutros lugares: de Samos, do Cebreiro e de Moreda. Esa fala que sempre usou, mesmo nos seus libros, para Uxío era moi querida, porque a fala «é o único sitio onde seguen vivos os antepasados». E el tiña un profundo cariño e admiración polos seus devanceiros.

A vida no Courel era labrega. Á Casa da Fonte acudían moitos xornaleiros a traballar o campo. Á xente «gustáballe vir traballar para nós», escribiu Uxío, «mesmo sentíanse agradecidos se os chamabas, anque entón entre veciños non se pagaba en cartos. Moitas veces empezabamos a gadañar entre catro e acababamos gadañando nove ou dez, ía chegando a xente da aldea». Novoneyra comezou a gadañar de mociño, co pai, a primeira hora da mañá. A el gustábanlle os traballos do campo. Sentíase ben neles. Tamén sabía manexar o mallo desde os sete anos e na malla percibía os ritmos do campo e da natureza. Sentía os ritmos da poesía e das palabras. Da linguaxe labrega. Ademais, a malla facíao sentir mozo, xa un chisco home, útil e fachendoso fronte ás mozas e a comunidade campesiña.

Como era habitual daquela en Galicia, o centro da vida familiar era a lareira, e tamén o lugar onde se reunía a xente. Ao pé da lareira, coa quentura do lume, falábase, latricábase, contábanse contos, historias, planificábase o traballo, cantábase, rifábase... Para Uxío, o lume era algo máxico, engaiolante, algo que leva prendida a poesía na súa propia esencia. No seu libro máis importante, *Os Eidos*, escribiu este poema:

> Eu a ollar pro lume
> i o lume a ollarme.
> O lume sin queimarme
> fai de min fume...

A ese poema púxolle música, moitos anos despois, un cantautor chamado Emilio Cao, que nos seus inicios estaba ligado ao movemento da canción galega de protesta chamado Voces Ceibes.

No Courel non faltaban os sequeiros, que é o nome do lugar onde secaban as castañas. Prendíase o lume debaixo e secaban co fume. Na Casa da Fonte había dous, sempre dispostos para preparar ese froito magnífico que son as castañas, que alí as hai de tantos tipos: abarqueiras, picois, bravas, velliñas, raigonas ou vérdeas, que son as máis frecuentes e saborosas. Tradicionalmente, en Galicia a castaña foi un alimento moi importante.

Un dos personaxes da cultura tradicional galega, hoxe desaparecido, que Uxío coñeceu de neno, era o ferreiro. Todos os anos, cando as neves desaparecían, acudía a Parada para arranxar os sachos, os legóns, as

10

aixadas e calquera outro trebello de ferro que fose necesario para o traballo no campo ou para as tarefas domésticas.

Pero o traballo non era a única ocupación en Parada. Os nenos tamén tiñan espazos para o xogo, e Uxío podía brincar con liberdade na Casa da Fonte porque era ampla, xenerosa e ateigada de escondedoiros. Xogar a agocharse nos labirintos da casa era unha das cousas que máis lle gustaba. Logo, entre os nenos da aldea o xogo habitual era enredar «ao lobo». Xeralmente quedaban arredor da escola, que estaba moi pertiño da Casa da Fonte. E daquela na aldea de Parada había nenos abondo para enredaren a pracer.

3

A Guerra Civil

En 1936, cando Uxío ten só seis anos, un militar chamado Franco lidera desde África un golpe de estado contra o lexítimo goberno da República que dá lugar aos tres longos anos da Guerra Civil. A vitoria final dos sublevados, en 1939, levará España a unha ditadura á fronte da que se sitúa o xeneral Franco, que gobernará baixo control militar, durante 40 anos. O 18 de xullo de 1936, día en que se produce o alzamento, o tío de Novoneyra era o alcalde do Courel, elixido nas eleccións democráticas nas listas da Fronte Popular. Chamábase Manuel Novo. En Galicia, axiña comezou unha forte represión e persecución contra as persoas que pensaban de xeito distinto ao dos militares sublevados, e moitos políticos, artistas ou figuras públicas foron castigados ou asasinados. Iso obrigou ao alcalde do Courel a agocharse, para evitar que os falanxistas, que eran os que apoiaban a Franco, o atopasen e o matasen. O lugar onde buscou acubillo foi na Casa da Fonte. O tío de Uxío permaneceu alí escondido durante tres longos anos, sen que ninguén o soubese, excepto a familia. Aquel neno de seis anos que era Novoneyra viuse obrigado a gardar firmemente o segredo diante de todo o mundo, incluídos os outros nenos. Uxío, naqueles anos, baixaba ás veces en segredo a durmir co seu tío. O de gardar silencio durante tanto tempo non lle debeu ser nada doado. Ese feito, e outros que os seus ollos infantís presenciaron naqueles días negros, marcouno profundamente. Tanto é así que, bastantes anos despois de rematada a Guerra Civil, tiña a impresión de que todo podería volver comezar en calquera intre. Os anos da guerra, e moito máis os que viñeron despois, os da posguerra, foron anos duros, difíciles, de lenta reconstrución e de moita fame, como pode verse nos seus versos: Galicia da dor, Galicia da tristura, Galicia do silencio, Galicia da fame... á forza.

Pero naqueles primeiros meses da guerra, Uxío viviu outros acontecementos terribles. Certo día, un grupo de falanxistas ordenáronlle á nai de Uxío que lle sacase ao neno o xersei vermello que levaba posto. Os falanxistas relacionaban a cor vermella coa República e co socialismo e por iso sentían carraxe diante desa cor. A nai de Uxío non lles fixo caso, pero poucos días des-

Franco, nunha visita
a Lugo en 1939.

pois, volvendo da feira, un grupo de falanxistas colleron o neno –que tería arredor de sete anos– e, cunha navalla, racháronlle o xersei vermello enriba do corpo. Por sorte, a cousa quedou aí e nunca chegaron a descubrir que o tío do neno vivía agochado na Casa da Fonte.

Con tantas ameazas, a xente vivía moi asustada. O feito que Novoneyra lembraría logo con máis espanto ao longo da súa vida foi o asasinato de Manuel de Ribadaira. Este labrego de Parada, un mozo, foi «paseado», que é como lles chamaban aos asasinatos dos falanxistas. Uxío levou moitos anos cravada esa angustia no peito, ata que en 1976 quixo botala fóra escribindo un romance sobre iso:

> xunto a cova grande escolleron campo
> volteou no aire ó primeiro disparo
> houbo logo un segundo un terceiro e un carto
> guindárono ó fondo sin rematalo
> botaron tras d'il seixos e lanchos
> algo viron e ouviron pastores do gado
> e trougo recado a probe co saco
> (...)
> Din que eran catro os que o pasearon
> e que todos iles morreron arrabeados.

Os ollos de Uxío retiveron para sempre o pranto da nai e das irmás de Manuel, no medio da aldea, ata que caíron desmaiadas ao chan ao coñeceren os feitos.

E, con todo, durante a Guerra Civil, por esa necesidade que as persoas temos tamén de sobrevivir, de afianzarnos, na aldea de Uxío, como noutras moitas, todos os domingos había música e baile, con gaiteiros. Cando a guerra remata, en 1939, queda unha Galicia desolada, triste e empobrecida, na que medra un neno de nove anos chamado Uxío. Un neno que, desde a ventá da súa casa, ve nevar sobre as sombras. Sobre as sombras.

4

Un mozo con vocación

Á s veces é moi difícil saber en que momento lle nace a vocación a un escritor. Matinando niso, Uxío volvía a vista atrás e pensaba que o motivo de que el escribise estaba na fermosura da natureza, que o abraiara. Tiña daquela nove ou dez anos e aínda non sabía que era iso de escribir, pero notaba que a beleza que había nos campos facía que se sentise feliz: «era vir polos camiños, cando viña só, vir cáseque dando voltas, deslumbrado polo entorno. Era normal que eu acabase escribindo da Terra, porque cando inda non tiña a idea de escribir estaba xa fascinado inda sen considerar que aquelo era beleza».

A poesía de Uxío, pois, xorde da terra, das entrañas do Courel. Esa mesma terra pola que vía ir e vir ao seu pai, eido arriba, eido abaixo:

> Vai o José de Parada
> atravesando il solo
> a Devesa do Rebolo.

O pai pisaba esa mesma terra dos lugares que habitan a poesía de Novoneyra, como a Devesa da Rogueira, o cume do Piapaxaro, o Cido, a aldea de Lousada, de Moreda, o Chao dos Carrís ou a Campa da Lucenza, que está no alto dun porto entre Parada e A Seara, e que tamén era atravesada acotío polo tío Xoán. Do tío Xoán, Uxío lembra unha ocasión en que «baixaba co gando da Lucenza, baixaba polas Corgas, e ía polo camiño e nesto asomouse e viu once lobos xuntos, e el seguiu baixando, xa coa nebra baixándose»:

O lobo! Os ollos o lombo do lobo!

Baixa o lobo polo ollo do bosco
movendo nas flairas dos teixos
ruxindo na folla dos carreiros
en busca da vagoada máis sola e máis medosa...

O tío Xan morreu cando Uxío tiña 14 anos e foi a primeira vez que chorou desde que era un neno.

A Casa
da Fonte

16

5

ADOLESCENTE EN LUGO

AOS quince anos, Uxío ten que marchar a Lugo para facer o bacharelato, pois no Courel non había escolas para seguir estudando. Neses anos da adolescencia en Lugo comeza a súa formación. Alí descobre a existencia da poesía e le os primeiros poemas. Daquela, un dos poetas que había en Lugo era Noriega Varela, que colaboraba na prensa local. Na súa poesía estaba o amor pola paisaxe e pola terra. Noriega Varela foi un escritor que escribiu un único libro e se dedicou a revisalo constantemente. Uxío, que daquela non coñecía a Noriega, tamén revisaría os seus poemas constantemente, anos máis tarde.

Manuel María

Cando está a rematar o bacharelato en Lugo, naqueles difíciles anos da posguerra, coincide nas aulas cun rapaz chamado Manuel María. Casualmente, a ese rapaz tamén lle gusta moito a poesía e inicia con el unha profunda e longa amizade que durará toda a vida. Máis tarde, esa relación pon a Uxío en contacto con algúns poetas e cos ámbitos intelectuais. E, cando tiña 18 anos, comeza a visitar unha biblioteca, a do Círculo das Artes de Lugo, do que era socio polos bailes que se realizaban alí. Nesa biblioteca adquiriu Uxío o hábito da lectura. De todos os xeitos, non o adquiriu de repente, senón pouco a pouco, pois ao principio non lía moito. Parece que el lle daba máis importancia á experiencia e ás vivencias persoais. Logo, a súa poesía, partiu precisamente desa vivencia persoal, da identificación profunda e íntima coa terra e coa natureza.

Tamén nesa época comezou a escribir os seus primeiros poemas, a facer os primeiros experimentos na escrita. Tiña 18 anos e estaba a nacer nel a vocación da creación literaria.

Ao mesmo tempo que comezaba a escribir, tamén lle pasou outra cousa: perdeu a fe; deixou de crer en deus e fíxose ateo. Ora, sempre sentiu gran respecto pola fe dos demais: «a fe dos outros bandéame o corazón», dixo.

Novoneyra permaneceu en Lugo ata 1949. Nese ano instálase no Courel María Mariño, unha muller que logo se convertería nunha gran poeta e que, desde a súa chegada, inicia unha gran relación de amizade coa familia de Novoneyra. O seu home era mestre e fora destinado á escola de Parada.

6

A CIDADE TRISTE

EN 1949, Uxío Novoneyra marcha a Madrid, e esa experiencia influirá moito na súa vida. Permanece alí ata 1952, ano en que ten que regresar a Galicia para incorporarse ao Servizo Militar, xa que era obrigatorio que todos os homes pasasen polo exército.

Madrid era entón unha cidade triste, apagada, pobre, que vivía con moitas dificultades os anos da posguerra. Era un Madrid moi parecido ao que retratou Camilo José Cela na súa novela *La Colmena*; unha cidade agónica, machucada, amedrentada pola represión, sen pulso, que teimaba por sobrevivir a pesar das dificultades do día a día. Era unha cidade de perdedores; dos que perderan a guerra, gobernada polos falanxistas, que eran os novos poderosos. Con todo, estes anos supoñen para Uxío un importante empurrón na súa formación, que foi practicamente autodidacta, é dicir, que se formou aprendendo de seu. Se cadra, o máis importante foron as lecturas que puido facer na Biblioteca Nacional, da que se fixo un visitante habitual. Nas súas salas leu moita poesía, especialmente de autores estranxeiros, dos que axiña soubo moitas cousas, e tamén leu algunhas novelas de autores europeos que reflexionaban sobre o sentido da vida, así como aqueles libros que lle permitían poñerse ao día do que estaba a pasar na literatura e na cultura no mundo. Pero, sobre todo, leu poesía, case exclusivamente poesía, chegando a coñecer moitos máis poetas dos que coñecían os seus compañeiros: Virxilio, Safo, Shakespeare, Goethe, Horacio, Puxkin, Petöfi, Leopardi, Verlaine, Lucrecio, Maiakovski, Son Yu, etc.

Pero cómpre non esquecer que en España existía a censura, é dicir, que había moitos libros que o goberno de Franco prohibía, por consideralos contrarios aos seus principios, e non se podían ler nin editar. A propia novela *La Colmena* tivo que ser publicada en Bos Aires en 1951, e logo sucedeu con *A esmorga* de Blanco Amor. Anos máis tarde, Novoneyra tamén sufrirá a censura nos seus propios textos. A censura era tan difícil de burlar, tan controladora, que Novoneyra confesou nunha entrevista na radio que os mozos da súa xeración «chegamos aos vinte anos sen oír a palabra galeguismo, sen saber que houbera un movemento galeguista». Ocultábanllo.

Na Facultade de Filosofía e Letras da Universidade Central de Madrid, Uxío Novoneyra matriculárase como oínte e acudía ás clases que máis lle apetecían, que eran as de Literatura Española. As clases dábaas un profesor que era minimamente aceptable para a mediocridade daquela época. Nesas aulas, coincidiu cun mozo galego, algo maior ca el, chamado Xesús Alonso Montero. Este conta que «Uxío asistía ás clases como oínte, pois nesa data, non aprobara o Exame de Estado, quizais porque non se lle daban ben o Latín e as Matemáticas». Iso permitíalle a Novoneyra pasar moitas horas na Biblioteca Nacional, onde «consultaba, con fruición, algunha das Historias da Literatura uni-

versal. A partir de aí pasaba horas e horas diante dos ficheiros da biblioteca á procura de traducións castelás de poetas antigos e modernos, próximos e exóticos». Pero houbo outro profesor, que era poeta, que foi quen orientou de verdade a Novoneyra nas súas lecturas, animándoo a ler a poesía de vangarda. Daquela tamén coñeceu outros mozos que empezaban a publicar e logo serían escritores importantes, como o dramaturgo Alfonso Sastre.

Uxío tamén escribía regularmente. Tanto é así, que tiña dous ou tres libros inéditos en castelán, libros que nunca chegou a publicar. O primeiro escribiuno cando tiña 19 anos. Aos 21 escribiu outro que foi como un xogo, como unha aprendizaxe, para o seu gran libro, *Os Eidos*, publicado en 1955. Os escritores precisan sempre desta etapa de aprendizaxe, de escribir libros que non se publican pero que constitúen o procedemento polo que os autores e autoras buscan a súa propia voz, van definindo o seu estilo, van decatándose dos seus propios erros. E, esa aprendizaxe, Uxío fíxoa en Madrid e en castelán, nun tempo en que escribir en galego era enormemente difícil. O que si fixo durante esa época foi publicar algúns dos poemas en revistas literarias, case sempre da Universidade, e tamén, por suposto, dar recitais poéticos. Neses anos, a conciencia e a visión de Novoneyra sobre a vida e a literatura están formándose, descubrindo o mundo, abríndose a el.

Paralelamente, en Galicia, un pequeno grupo de persoas acaba de fundar a editorial Galaxia, que abre as esperanzas de moitos galeguistas de que se poidan comezar a publicar libros en galego a pesar de que é unha lingua reprimida polo franquismo. E, ao tempo, o rapaz que Novoneyra coñecera no Instituto de Lugo, Manuel María, publica o seu primeiro libro de poemas, titulado *Muiñeiro de brétemas*.

7

O SERVIZO MILITAR

En 1952 Uxío ten que regresar a Galicia para facer o Servizo Militar. Na *mili* volve coincidir co seu amigo lugués, Manuel María, ese que acaba de publicar un libro de poemas. ¡Vaia casualidade! Dentro do cuartel, Novoneyra bótalle unha man a Manuel María e consegue mellorar o seu posto de destino, facéndolle a mili máis levadeira, porque, como dixo Uxío, «un sabe que no servizo militar perde a liberdade».

Manuel María acudía con frecuencia a unha tertulia de escritores que tiña lugar no Café Español de Compostela, na rúa do Vilar, e iso permítelle a Novoneyra, que o acompaña, coñecer e tratar a figuras como Ramón Otero Pedrayo,

Ramón Piñeiro

Carlos Maside, Ramón Piñeiro, Bouza Brey ou García Sabell. Ramón Piñeiro, que simpatizará con Uxío, acababa de pasar tres anos na cadea, procesado polas súas ideas galeguistas.

Ese contacto co galeguismo impulsa a Uxío a escribir na lingua propia de Galicia e, a partir de entón e para sempre, asume o galego como a súa lingua literaria. De feito, Novoneyra só publicará libros en galego, pois os seus poemarios iniciais, os da aprendizaxe, nunca considerou que se puidesen editar. Tamén entra en contacto coa literatura galega, e le a Rosalía, a Pondal, a Noriega Varela, a Ramón Cabanillas e a Curros Enríquez.

Uns anos antes fundárase en Santiago un xornal que se chamaba *La Noche* e era o que estaba máis afastado do adoutrinamento ideolóxico do réxime franquista. O director do xornal chamábase Borobó e conta que cando Novoneyra «veu xunto con Manuel María, no 1952, a facer a mili en Santiago» acudiron a visitar o xornal, na rúa do Preguntoiro. Alí «estaba o berce, o viveiro xornalístico da rexeneración literaria e, se cadra, política do país» xa que, nas páxinas do xornal *La Noche* e nas rúas e cafés, os mozos con gana de cambiar o mundo convivían cos vellos galeguistas que lograron sobrevivir á represión de Franco. Todos eles fixeron piña en torno a ese xornal.

Manuel María relata que, naquela época de precariedade, Novoneyra era quen máis diñeiro manexaba de todos eles, e que adoitaba repartilo e compartilo cos amigos, pois era unha persoa desprendida. Foi entón cando comezou a grande amizade que Novoneyra e Manuel María manterían co pintor Carlos Maside, a primeira persoa que lles falou do socialismo e lles abriu os ollos a algunhas realidades sociais ou políticas. Cando acudían á tertulia do Café Español, moitas veces Uxío achegábase á casa de Maside, que estaba moi pertiño, e permanecía alí toda a tarde. Maside prestáballe libros e novelas e el líaos cun interese enfebrecido. A Maside dedicaríalle logo o seu primeiro libro, *Os Eidos*.

Novoneyra e Manuel María tamén foron os primeiros en visitar con frecuencia a Ramón Piñeiro, que se convertería nunha das figuras centrais do galeguismo a partir desa época, cando acaba de chegar a Santiago de Compostela. Vivía na rúa Xelmírez. Piñeiro reuniuse na súa casa, arredor dunha famosa mesa *camilla*, coas máis importantes figuras da cultura e da política galega daquel tempo. Sempre estaba debatendo, planificando, ideando estratexias que puidesen impulsar a cultura galega. Ramón Piñeiro axudou bastante a dar a coñecer a poesía de Novoneyra, que lle gustaba moito, e recomendouno sempre que puido, e deulle o apoio de todo o grupo de persoas que se mo-

vían arredor da editorial Galaxia, recentemente fundada e da que el era o director literario. Segundo Manuel María, en pouco tempo a xente de Galaxia fixo de Novoneyra «unha especie de poeta oficial». Neses anos xa comezara a escribir os primeiros poemas de *Os Eidos*. Con todo, había unha cuestión na que Novoneyra non coincidía con Piñeiro e era que tiñan distintas ideas políticas. Novoneyra era moi de esquerdas e Piñeiro non.

Ánxel Fole

No ano 1952 Uxío foi visitar, para coñecelo, a Ánxel Fole, que daquela vivía na Veiguiña, en Quiroga, afastado da cidade de Lugo porque a represión franquista lle puxera as cousas moi difíciles. De feito, durante os días da guerra civil tivera que agocharse no faiado da casa do poeta Luís Pimentel. Cando chegou Novoneyra a visitalo, Fole estaba escribindo nunha galería do pazo dos Quiroga, onde gañaba a vida dándolles clase aos fillos dos donos: «Escoitamos uns pasos lentos e longos no corredor. Entrou un mozo alto e delgado de bigote. Era Uxío Novoneyra, xa coñecido por referencias amigas. E foi esta a primeira vez que o oímos recitar versos, poemas seus. Recitábaos con voz grave e ton confidencial. Coma se estivese revelando un segredo. E estábao facendo: o segredo da súa primeira poesía. Non se parecían aos poemas de ninguén. Animámolo a que os reunise nun libro e os publicase. Constituirían o núcleo do seu futuro e primeiro libro *Os Eidos*. Falaba con tino e devagar. Falaba con distancia. Suxerindo, revelando. Eu non estaba afeito a oír falar así. Tan sosegadamente, con tanto fondo de silencio, traendo cada palabra á outra como chamándoa. Traéndoa, atraéndoa. Falamos do Courel, por onde eu andara varias veces. A súa charla dábame a impresión xusta daquelas bravas e apartadas terras. A impresión da súa paisaxe e da súa soidade. E cando marchou volveron resoar os seus pasos demorados e longos».

8

A DOENZA

EN 1953 Uxío Novoneyra ten que abandonar o Servizo Militar, logo do seu paso polo hospital militar de Lugo, debido a unha pleurite. A pleurite é unha enfermidade que se produce cando un virus ou unha bacteria provoca unha inflamación da membrana que envolve os pulmóns, causando unha dor aguda e problemas respiratorios. Esta doenza levou a Uxío a retornar á Casa da Fonte, na súa aldea de Parada, onde permanecerá recuperándose durante nove anos na vella casa familiar.

Esta circunstancia devólvelle o contacto coa terra do Courel, que nunca deixou de levar canda si, e fai que o sentido da súa escrita poética se afiance na terra, botando raíces e medrando decisivamente. En certa ocasión contoulle ao escritor Emilio Araúxo que «eu nacín entre unha natureza inda moi dotada; o que fixo simplemente foi collerme, valéndose, xogando oportunamente, porque eu estaba enfermo, non podía desprazarme moito, entón a natureza botoume a mao; eu non lle botei a mao á natureza, a natureza botoume a mao». Dese «secuestro» que lle fixo a natureza nace *Os Eidos*, escrito entre 1952 e 1954.

Ese longo período en Parada permitiulle tamén tratar a María Mariño. Con esta muller, Uxío compartirá a súa visión da poesía, animándoa a escribir, a buscar a palabra dentro de si, intercambiando e recitando con ela moitos dos poemas que escribían. Naquel tempo tan dominado polos homes –case non había mulleres escritoras– para unha muller coma ela era moi difícil dedicarse a escribir, porque ese feito tan normal non era comprendido nin sequera polos seus.

Desa relación nace unha frutífera amizade e tamén unha intensa camaradería literaria que fai posible que María Mariño vexa publicado o seu primeiro libro, *Palabra no tempo*, en 1963, nunha colección que se editaba en Lugo e dirixían Novoneyra e Ánxel Fole:

Tiven medo de vogar,
tiven medo da auga crara.
Anque fora cuns bos remos
anque fora na mar calma,
non vogaba!, non vogaba!

Ela nacera á beira do mar, na vila de Noia, no seo dunha familia humilde e, logo de que o seu home fose destinado ao País Vasco, onde viviu a Guerra Civil, instálase no Courel. A amizade con Uxío Novoneyra será decisiva na súa vida.

Cando Uxío estaba no Courel, o pintor Carlos Maside fíxolle un retrato que lle gustou moito e que posteriormente se faría moi coñecido. Ao ano seguinte, en 1954, Manuel María publica outro libro, *Terra Chá*, que se converterá, xunto con *Os Eidos*, nun dos grandes referentes da poesía galega deses anos. Manuel María tamén tratou a María Mariño, xa que ía pasar algunhas tempadas á Casa da Fonte.

9

Os Eidos

O libro máis emblemático e recoñecido de Uxío Novoneyra é *Os Eidos*, que se publica en 1955 na editorial Galaxia. Foi un libro que causou unha gran sensación no panorama cultural galego e tivo unha magnífica acollida en ámbitos galeguistas, dentro da precariedade daquel tempo. Hai que ter en conta que había pouco que aparecera na Coruña un panfleto represivo contra a lingua galega, distribuído polos falanxistas. O panfleto dicía: «Hable bien. Sea patriota. No sea bárbaro. Es de cumplido caballero que Vd. hable nuestro idioma oficial o sea el castellano. Es ser patriota». O texto estaba impreso no sindicato vertical da Coruña, que eran os sindicatos franquistas, os únicos legais e permitidos durante a ditadura.

Os Eidos é un libro de poemas breves, concisos, esenciais, onde as palabras escritas sempre teñen un sentido e nunca pretenden ser un adorno. É un libro cun olor que arrecende á terra, á natureza, á vida, que nace da soidade e da reflexión do poeta a partir das súas vivencias nas montañas do Courel. Sobre o papel, os versos conversan co silencio, deixan que o silencio fale, que o silencio pronuncie palabras que forman parte dos poemas. Son poemas onde hai moitos topónimos, moitos substantivos, porque o nome dos lugares e das cousas é moi importante, moito máis importante que a acción, moito máis importante que os feitos que suceden. Neste fragmento dun dos seus poemas máis coñecidos, todos os nomes que aparecen son lugares do Courel ou das montañas próximas:

HEIN d'ir o Pía Páxaro i a Boca do Faro
deitarme na Campa da Lucenza nun claro.
Hein d'ir á Devesa da Rogueira i a Donís
ó Rebolo á Pinza i ó Chao dos Carrís.
Hein d'ir a Lousada i a Pacios do Señor
a Santalla a Veiga de Forcas i a Fonlor.

A Campa da Lucenza, por exemplo, era un lugar moi especial para Uxío: «A Campa da Lucenza. Meteron unha pista. Eles non saben o que é unha campa sagrada. Herba durísima e entrelazada. E poderás comer algúns arandos. Tumbado e coas mans comendo arandos. O Alto do Boi polo Pía Paxaro á Lucenza. Despois cando estás na Pena das Augas, poste mirando pro norte, saes polo camiño que colle á esquerda, que era o camiño de Parada, e segues andando por ese camiño quilómetro e medio, e pasas por unha ou dúas fontes, e de repente deixas de ver a vastedade da Rogueira, e ves o poñente, a inmensidade do ucedo, ó saíres da Rogueira vese unha caseta..., saes polo brazo esquerdo, e oíndo ruxir as augas que baixan, son catro ou cinco

fontes que soan, e despois xa deixas de oír o son, e hai un momento en que saes do arco da Rogueira, que é coma unha cuncha de Santiago, e ó pasar pro outro lado só ves o ucedo, e sube un camiño de Parada, que

antes era o camiño do Courel a Valdeorras, e ó quilómetro de subir xa estás no alto da Lucenza». Como se pode ver, Uxío coñecía as terras do Courel palmo a palmo, eido e eido. A través dos topónimos, é dicir, dos nomes dos lugares, o poeta é quen de expresar moitísimas cousas, moitísima vida e moitísima beleza e, sobre todo, a súa propia identidade e a dos seus devanceiros. Porque, como dicía o escritor Álvaro Cunqueiro, os topónimos «reflicten mil veces un grao de amor e de amizade, e incluso de nostalxia, e sobre todo de posesión; é dicir, de cultura e de historia».

A brevidade, a concisión, é outra das características do libro, coma se Uxío quixese dicir moitas cousas con moi poucas palabras. Hai un poema que é:

CHOVE para que eu soñe.

Outro dos seus poemas breves di:

FALA a tarde baixiño
i o corazón sínteo...

E un dos máis coñecidos fala en dous versos da insignificancia do ser humano fronte á grandeza da natureza:

COUREL dos tesos cumes que ollan de lonxe!
Eiquí síntese ben o pouco que é un home...

En boa medida, este gusto polo verso breve, conciso, procede tamén da influencia e do aprecio que el sentía pola poesía oriental e, de feito, os críticos literarios apuntaron en diversas ocasións a relación entre *Os Eidos* e os haikus, que son pequenos poemas da tradición xaponesa.

Ademais, hai outra cuestión moi importante neste libro de Novoneyra que é o xogo cos sons. El utilizou moito a repetición de determinadas letras ou sons para conseguir determinados efectos sonoros. Por exemplo, cando emprega a vogal «o», consegue versos escuros, pechados, que semella que meten medo:

O lobo! Os ollos o lombo do lobo!
Baixa o lobo polo ollo do bosco

Pero, combinando outras letras e outros sons, pode conseguir o efecto contrario, por exemplo, o canto dun paxariño:

NO bicarelo do bico do brelo
canta o paxariño.
No mesmiño
bicarelo do bico do brelo.

Iso é unha «figura estilística», que consiste nunha
especie de truco literario para crear sensacións diferentes no lector. Os especialistas coñéceno polo complicado nome de fonosimbolismo. E ese fonosimbolismo
estaba ao servizo das emocións ou sensacións que o
poeta quería transmitir, que podían ser, por exemplo,
os seus sentimentos, ligados á terra, os silencios da
serra ou o poético ruído que fai gadaña cando se traballa no campo. E moitas máis cousas.

Finalmente, *Os Eidos* está escrito nese galego que
bota man da fala de Novoneyra, que non é outra que a
fala do Courel, a fala de Parada, enriquecida co propio
legado familiar. En realidade é o que facemos todos os
falantes: empregar a fala do noso contorno mesturada
coa fala familiar, con aquelas formas ou palabras propias da nosa familia. Isto, aínda que o facemos todas as
persoas, non é tan habitual na literatura, porque normalmente á hora de escribir se emprega un estándar ou
un rexistro máis literario. «A poesía de Uxío en *Os
Eidos* é a palabra que vén do fondo do seu *pueblo* pero
depurada por un poeta cunha experiencia intensa da
palabra», asegurou Elba Rei, a muller de Novoneyra,
nunha entrevista moitos anos despois. Para el, a lingua
era o verdadeiro símbolo dun pobo, e por iso aseguraba que as persoas «residimos tanto na lingua como na

terra». Palabras como «estrelampada», «rebolo», «xardois», «bicarelo», «valumbo», «redroma» ou «apertador» son raras para nós pero son habituais no Courel e empréganse en *Os Eidos*.

Con respecto ao galego el dicía, naqueles tempos en que a lingua galega estaba perseguida, que a lingua propia de Galicia sempre será o galego, aínda que non a queiran os seus inimigos nin a falen, porque «hai cousas que non as escolle un, escolleunas a historia».

Os Eidos levaba un prólogo do seu amigo e ideólogo da editorial Galaxia Ramón Piñeiro. Nel dicía que O Courel, «que pasou miles e miles de anos en silencio, agora comezou a ter voz, comezou a se sentir redimido do seu longo e frío mutismo xeolóxico pola graza da palabra poética». Seica o que máis lle influíu a Uxío para escribir *Os Eidos* foron, sobre todo, dúas lecturas: a do *Cancioneiro da poesía céltica* do irlandés Julius Pokorny e a das cancións e de *Campos de Castilla* de Antonio Machado.

Uxío Novoneyra e
Ramón Piñeiro en Compostela

35

10

O moucho de Pimentel

A QUELES anos, despois da publicación de *Os Eidos*, Uxío Novoneyra continuou explorando os mesmos temas e poemas. Escribir, volver ler o que se escribe, reescribir, revisar, engadir... esa era a concepción que tiña da poesía que o levou a revisar e publicar constantemente *Os Eidos* ao longo dos anos.

Uxío axiña acadou gran prestixio como poeta. Os anos seguintes foron tranquilos, anos durante os que viaxaba a Lugo, a visitar os seus amigos: o narrador Ánxel Fole, o poeta Luís Pimentel, o ensaísta Celestino Fernández de la Vega. Acudía a parolar con eles na tertulia do café Méndez Núñez, na que tamén participaban o veterinario Juan Rof Codina e o poeta Aquilino Iglesia Alvariño. Algunha vez tamén ía dar algún recital poético, a Compostela, a Monforte, etc.

Cando estaba en Parada, acompañaba ao pai a traballar o campo e escribía novos poemas, ás veces coa cabeza, de memoria, que repasaba unha e outra vez, incansablemente:

> A mañá limpa como o ollo do galo i eu tiña
> o ar da anduriña.

> O sol que locía
> i eu vía

i ouvía
cantar o día.

En 1956, nunha das súas viaxes a Lugo, tivo lugar unha curiosa anécdota. O poeta Luís Pimentel, desde o balcón da súa casa, que daba á Alameda de Lugo, escoitaba un estraño ouleo, procedente dunha árbore, un canto que non era quen de identificar. Non daba sabido que ave era. Dous días despois, Uxío chegou a Lugo e Pimentel comentoulle na tertulia do Méndez Núñez que non puidera adiviñar que tipo de ave nocturna emitía aquel berro. Á noite, o poeta paseou pola Alameda durante varias horas, acompañado polos seus amigos, ata que, por fin, a ave emitiu o seu canto. Novoneyra identificouna decontado:

Luís Pimentel

—Sen dúbida, é un moucho –dixo–. Na miña terra chámaselles tamén aos mouchos «paxaros apertadores», pois fan coma os carpinteiros cando apertan as pezas dos carros: aaaah, aaaah...

Pasados os días, Uxío escribiu un poema dedicado a aquel moucho da Alameda:

Moucho que cantas pra noite queda
na sombra das flairas tecidas,
ti fais distas arbres de cidade
un bosque antigo no que eu estuven sempre.
(...)

37

11

Falar en galego

A principios de 1957 tivo lugar un ciclo de conferencias e recitais poéticos no Círculo Mercantil de Santiago de Compostela, o primeiro que se convocaba en Galicia desde a Guerra Civil. O ciclo celebrábase baixo o lema «Homenaje a la poesía gallega». O lema era en castelán porque ninguén se atrevía a facelo en galego. Podía traer consecuencias. O primeiro recital estaba dedicado á lírica medieval galega e dábao Uxío Novoneyra, logo de ser presentado por Otero Pedrayo, que non puido asistir pero mandou un texto para que o lesen. Ante a sorpresa de todos os asistentes, ocorreu algo inesperado: Uxío Novoneyra falou en galego na súa intervención, nun tempo en que falar en galego en público era inconcibible, pois aínda existía moito medo ás represalias. De feito, Novoneyra foi unha das primeiras persoas que se atreveron a falar en galego nun acto público desde o inicio da Guerra Civil, máis de vinte anos atrás. Durante vinte anos, case ninguén falara publicamente en galego. O escritor Franco Grande, que estaba presente entre os asistentes e era unha das persoas vencelladas á organización dos actos, lembra, no seu libro *Os anos escuros*, a impresión que causou aquel feito: «esa foi a primeira vez que oín falar en galego en público, xa nas primeiras palabras –Miñas donas e meus señores–, eu, o mesmo que os demais, sentín escorrer un arrepío por todo o corpo. E un directivo do Círculo Mercantil, ese mesmo día, non se atreveu a ler en galego un escrito de Otero Pedrayo co que se quixo iniciar o ciclo. Don Ramón mandara dous manuscritos, un en galego e outro en castelán. Só o derradeiro foi lido e logo publicado, ao día seguinte, por *La Noche*, que tampouco publicou o texto en galego. Así eran os tempos». Máis adiante engade: «Nin nós mesmos podiamos concibir que se puidese falar galego en público. Río Barja e mais eu encollé-

HABLE BIEN

Sea Patriota - No sea bárbaro

Es de cumplido caballero, que Vd. hable nuestro idioma oficial o sea el castellano. Es ser patriota.

VIVA ESPAÑA Y LA DISCIPLINA Y NUESTRO
IDIOMA CERVANTINO
¡¡ARRIBA ESPAÑA!!

Octavilla. Imprenta Sindical. A Coruña. 1947

monos nos nosos asentos. Aquilo era unha bomba. Pero a forte personalidade de Novoneyra dominou o ambiente. Recitou con mestría os poetas dos Cancioneiros, dicía os seus poemas coma se fosen propios».

Amais do feito de empregar o galego, o xeito de recitar de Novoneyra causou tamén un grande impacto. No xornal *La Noche*, ao día seguinte, dicíase que

Novoneyra era o primeiro rapsoda de Galicia e, algúns días despois, outro articulista calificaba a súa actuación como «irrepetible». O propio Franco Grande asegurou que toda a xente quedou marabillada con Uxío porque semellaba «un home saído doutro tempo, chegado doutra galaxia». O propio poeta recoñece que recitou a Mendiño dun xeito excepcional: «poucas veces conseguín volver dicir aquel poema», «só aquela vez e outra conseguín darlle ao poema de Mendiño o ton que xustamente esixe».

Pouco máis dun mes despois, o poeta do Courel envíalle unha carta a Franco Grande na que lle mostra a súa esperanza con respecto ao futuro de Galicia. Emprega unha frase que logo se converterá na consigna dun dos seus poemas máis emblemáticos: «Un día irei do Caurel a Compostela por terras liberadas!». O poema, ademais, escribiuno tamén por esas datas, aínda que non foi publicado nun libro ata moitos anos despois:

> GALICIA, será a miña xeración quen te salve?
> Irei un día do Courel a Compostela por terras
> / libradas?
> Non, a forza do noso amor non pode ser
> / inutle.

12

Os amigos e a morte

A morte de dous dos máis queridos amigos de Novoneyra chegou en 1958. O 13 de febreiro morreu en Lugo o poeta Luís Pimentel. Moi afectado por esa morte, Uxío escribe esta elexía, que se publica no xornal *La Noche*:

> A túa morte deixoume núo.
> Ca tua perda sinto todo o que hei de perder.
> A túa imaxen está diante min, no espacio
> / que a dor envisa
> Laia a curuxa i eu velo.

Xa entrado o verán, o 10 de xullo dese mesmo ano, morre o pintor Carlos Maside, co que tantas horas pasara. Nos seus versos tamén hai un laio para esa perda:

> Eu non sei pensarte morto.
> Abrio a fiestra e ollo a serra pra ti.

Por mor das mortes destas persoas tan queridas nace a tendencia de Novoneyra á elexía, aos seus poemas elexíacos. A elexía é un poema lírico que se centra no laio, na queixa e que con frecuencia está relacionado coa morte. De feito, algúns anos máis tarde publicará *Elexías do Courel e outros poemas* (1966).

Ese mesmo ano, lonxe do Courel, fórmase en Madrid o grupo Brais Pinto, constituído por varios mozos galegos máis novos ca el, que se sitúan ideoloxicamente nun pensamento nacionalista de esquerdas. O nome, Brais Pinto, ideouno o novelista Xosé Fernández Ferreiro, que é de Nogueira de Ramuín, en Ourense, terra de afiadores. Supostamente, Brais Pinto viña sendo un afiador –que nunca existiu e só foi un invento divertido– que disque percorreu o mundo co seu oficio e que, finalmente, morreu atropelado por un tranvía na praza da Cibeles de Madrid.

O grupo estaba formado por uns cantos mozos galegos rebeldes, con vocación de escritores, pintores ou artistas, que daquela vivían en Madrid. Aínda que Uxío Novoneyra non pertencía ao grupo, uns poucos anos máis tarde coincidirá con eles en Madrid e estará moi próximo aos seus integrantes. A algúns destes mozos xa os coñecía previamente. É o caso de Méndez Ferrín, que acudía ás tertulias do Café Español en Compostela. Ao poeta do mar, Bernardino Graña, tamén o coñecera unha tarde de 1961 en Lugo, nun encontro divertido. Bernardino camiñaba pola Praza Maior, acompañado do escritor Paco Martín (o autor de *Das cousas de Ramón Lamote*) cando se atoparon con Uxío. Logo das presentacións que fixo Paco Martín, que era amigo dos dous, o poeta do Courel díxolle a Bernardino:

—¡Así que ti, con ese teu corpo escuchimizado, es o autor dos poemas da potencia do Atlántico!

E Bernardino retrucoulle:

—¡E ti, tan voluminoso e grande de corpo, es o autor dos breves poemas do Courel!

E logo, marcharon os tres a tomar uns vasos de viño de Quiroga.

A outro integrante de Brais Pinto, a Xosé Fernández Ferreiro, tamén o coñecía. Encontráranse no ano 1952 no Café Derby de Compostela. Alí Ferreiro adoitaba dicirlle a Uxío que se parecía ao poeta Pondal e a Uxío, aquela comparación, cumpríalle ben.

O poeta do Courel tamén viaxaba de cando en vez a Compostela, aínda que nunca se demoraba demasiado na cidade. Segundo conta Franco Grande, «chegaba do Courel, pasando por Lugo, e saía da mesma maneira. Eu tiña por entón a impresión, e sigo pensando agora o mesmo, que Uxío Novoneyra

viña a Santiago a 'cargar o seus acumuladores' para resistir por algún tempo, que viña en procura da enerxía que tanto lle compría alá nos 'altos tesos': repoñíase en Compostela cos seus amigos, e tamén en Lugo, onde facía un alto no camiño». ¡É que vivir na soidade do Courel non era calquera cousa!

Aló polo ano 1960, María Mariño rematara xa *Palabra no tempo*, o seu primeiro libro. Uxío vía nela unha gran poeta e, cando o libro se publica, transmítelle ese entusiasmo a X. L. Méndez Ferrín e mais a Reimundo Patiño. Precisamente nese ano en que a poeta de Noia xa rematara o poemario, Uxío envíalle unha carta a Otero Pedrayo solicitándolle un prólogo para *Palabra no tempo*. Ten o ton de alma máis tremendo da nosa literatura, dicía Uxío da noiesa.

Por esa época, Novoneyra acudía de cando en cando a Ourense, a visitar aos seus amigos Ramón Otero Pedrayo e Antón Tovar. Nunha desas ocasións foi cando o coñeceu o escritor Carlos Casares, que aínda era moi novo e o conta así: «Apareceu un día na tertulia de Vicente Risco, no café Parque, levado polo seu colega Antón Tovar. Era un mozo forte e moi simpático, que nos tratou con verdadeiro afecto aos rapaces que aspirabamos daquela a ser tamén escritores. Recordo aquel día perfectamente, os bares onde estivemos, con el recitando versos e nós mirando case extasiados (...) Posteriormente, Novoneyra marchou a Madrid, pasou alí uns anos e non volvín saber del durante tempo, aínda que o escoitaba recitar versos na televisión case todas as noites, despois do último telediario».

Otero Pedrayo

44

13

A REBELDÍA MADRILEÑA

EN 1962, Uxío Novoneyra marcha de novo a vivir a Madrid, onde traballará facendo colaboracións con programas literarios na radio e na televisión españolas. Son programas estreitamente vencellados á poesía, como *Versos a media noche*, *Poesía e imagen* ou *Poesía en Compostela*. En Radio Nacional facía un programa de poesía española para Hispanoamérica. Moitas veces traballaba de noite e acudía ás instalacións da emisora a partir das doce: «eu subía a unha sala inmensa, onde estabamos todos durante o día, acendía a luz, que se acendía de golpe, e iluminábase todo aquelo para min só ata as tres da mañá. Era unha sensación de irrealidade».

As colaboracións duraban uns meses, «que eran bastante bos, e logo acabábanse e non había máis durante outros meses, que xa non o pasabas tan ben». E «cando non tiña cartos –engade Uxío– había a imposibilidade case de facerse con eles por ningún conduto». Eran tempos duros. Por outra banda, naqueles anos do franquismo produciuse certa «liberdade», o que non quere dicir que houbese liberdade, senón que había máis permisividade e menos control sobre o que a xente facía ou dicía. Aínda que durou pouco.

O Madrid que atopa Novoneyra nesta segunda estancia na cidade é moi distinto. O ambiente que se vive é de ilusión. Na xente percibíase a recuperación dos ideais, da esperanza, do optimismo. Son os anos das protestas estudantís; das loitas obreiras en Asturias; da proximidade do maio do 68, cando os estudantes se revolven contra o poder en Francia. Son os anos dos eslogans revolucionarios e subversivos, como o de «A imaxinación ao poder»; os anos do movemento *beatnik*, outro movemento rebelde ligado á literatura que se orixina nos Estados Unidos e a xente identifica co libro *No camiño*, de Jack Kerouac; os anos en que parecía que era posible botar abaixo o réxime franquista e recuperar a liberdade. Neses anos o grupo galego Brais Pinto fervía de soños e de actividade. E en Galicia fundábase clandestinamente a UPG, o primeiro partido político nacionalista e comunista.

Novoneyra intégrase na vida bohemia dos intelectuais da cidade e acode ás tertulias do Café Gijón, xunto co poeta Carlos Oroza (que logo vivirá algúns meses na Casa da Fonte) e o pintor Tino Grandío. Pero, sobre todo, relaciónase e fai vida cos membros do grupo Brais Pinto, a moitos dos cales xa coñecía: o pintor Reimundo Patiño, o pedagogo Herminio Barreiro, o poeta Bernardino Graña, o político Bautista Álvarez, o urbanista Daniel Pino, o escritor Méndez Ferrín, o profesor Ramón Lorenzo, o novelista Xosé Fernández Ferreiro... Todos eles estaban aínda, naquel intre, definindo o seu futuro. Uxío Novoneyra era xa un poeta de moita sona e moito prestixio, admirado por todos eles, tal e como lle di, anos despois, Xosé Fernández Ferreiro: «Sei que ti sempre quixeches pertencer ao grupo Brais Pinto. Ocorre, non obstante, querido Uxío, que cando ti chegaches á capital de España, Brais Pinto xa fora creado. Pero ti sabes que sempre che quixemos coma se foses parte do mesmo, da mesma maneira que ti nos quixeches a nós. Coñecida foi sempre a túa admiración por Reimundo Patiño e por Méndez Ferrín. Cómpre aclarar que cando naceu o grupo en 1958 ti xa eras considerado un mestre e nós mirabámoste como tal, pois xa publicaras *Os Eidos*, ese cume lírico, granítico, anovador e clásico ao mesmo tempo».

Naqueles días Uxío vivía nunha pensión que había na rúa San Bernardo, a carón de Económicas, e el, que se deitaba tarde e tamén se erguía moi tarde, escoitaba o rebumbio dos estudantes desde a cama. Logo, se cadra, ía pasear co seu amigo Herminio Barreiro, Ferrín ou Ferreiro por San Bernardo, pola rúa Pez, pola rúa Puebla, Infantas e Gran Vía e, se cadra, xantaban no bar Río Miño ou en La Región Gallega, rexentado pola señora Carmen, luguesa que os trataba coma unha nai. Tomaban polbo, caldo, cachelos ou sardiñas. Logo acudían a tomar un café a Los Mariscos, ou ao Café Gijón, que era o lugar onde se reunían todos os intelectuais a parolar.

En Madrid sucedeu unha anécdota moi simpática cunha cazadora que a Uxío lle gustaba moito e quería ter, pero era do seu amigo Herminio Barreiro. Ao final Herminio cedeulla, logo de moita insistencia por parte de Uxío. Era unha chupa de pel e coiro, unha vella zamarra que lle trouxeran os tíos de Herminio de Norteamérica e da que o poeta andaba «namorado». A aquela zamarra, os amigos, ante a insistencia de Uxío por posuíla, chamáronlle «O lobo», que era o  alcume amigable co que tamén o coñecían a el. Como conta Herminio Barreiro «gustáballe tanto a Uxío a zamarra americana aquela, que me ofrecía bastante diñeiro por ela. Eu dixéralle que non. Tamén me gustaba a min. El insistía. Tivemos un raleo de feira que durou varios días. Falabamos do asunto nos cafés, nas casas dos amigos». E, ao final, acabou por cederlla. O propio Ferrín fai alusión á zamarra nun poema que publicou moitos anos despois, no seu libro *O outro*:

Mozo Grande gastaba americana
verdadeiramente bah non de aquelas
que o espúreo facendeaba na cidade de Tains

Nese mesmo poema, Méndez Ferrín expresa o moito respecto que sempre tivo pola opinión de Novoneyra cando el escribía poesía e lla daba a ler:

nunca escribín un verso sen pavor do seu xuízo

....

a chaqueta de punto
esa arca do peito Mozo Grande

Pero a persoa coa que Novoneyra tivo unha relación máis intensa naqueles anos foi co pintor Reimundo Patiño. Patiño tiña o seu estudio na Calle de la Ilustración, nun soto que eles coñecían polo nome de Kilombo, e por alí circulaba todo o grupo Brais Pinto. Era como o lugar de encontro, de reunión, o escondedoiro clandestino, onde tamén facían guateques, que era visitado polo poeta Carlos Oroza e por outras persoas ligadas a Brais Pinto, así como por estudantes estranxeiros de estética *beatnik*. En palabras de Herminio Barreiro, todas as tardes o Kilombo «estaba a ferver». El mesmo ten evocado aqueles anos con grande entusiasmo: «anos intensos aqueles con Uxío en Madrid, entreverados con estancias curtas na nosa terra, entre recitais, algún que outro traballo, unha comida... Algúns días no Courel ou á beira do mar, en Arousa ou Pontevedra. Anos de conformación de intencións. Anos, en fin, pletóricos de futuro, nos que parecía que todo era posible. Mesmo o que parecía imposible...».

Desde Galicia, en marzo de 1963, o amigo e vello protector de Uxío, Ramón Piñeiro, escríbelle unha carta a Barcelona a un galeguista chamado Basilio Losada. Esa carta dá moitas pistas de como era o poeta do Courel. Basilio está un pouco molesto porque andou detrás de Novoneyra e non foi quen de localizalo por ningures en Madrid, e Piñeiro dille: «O Novoneyra é un auténtico e interesantísimo poeta e é, ao mesmo tempo, moi desordenado, moi bohemio e moi arbitrario no seu comportamento persoal. Eu teño con el unha amizade fraternal e, con todo, moitas veces ocórreme con el o mesmo que a vostede lle aconteceu. Como xa o coñezo, non me preocupo. Como poeta é francamente bo; como persoa francamente tolo. Quizais as dúas cualidades estean esencialmente unidas no seu caso». E, noutra carta, enviada á mesma persoa, vinte días despois, afirma: «Moito me alegrou a nova de que o Novoneyra deu sinais de vida. Por ser el unha personalidade esencialmente artística, a relación que mantén co mundo exterior non se goberna sempre polas normas obxectivas que os demais aceptamos. A súa disciplina, varonilmente rexa, soamente ten lugar no mundo íntimo do agurgullar poético. Fóra de aí, o seu proceder é ceibe de normas, e o mesmo que o vento e as nubes, vén e vai como cadra. Non se lle pode tomar a mal porque el é así».

Outro compañeiro daqueles anos, o novelista Fernández Ferreiro, asegura que Novoneyra era un home tímido. Conta unha anécdota moi simpática dun guateque que os Brais Pinto organizaron no Kilombo, o estudio de Patiño: «despois de presentarme a unha amiga de

Lugo (unha amiga súa) para que tratase de ligar con ela, el, Uxío, coma se estivese alleo a todo o que o rodeaba, tumbouse no chan e púxose a ler unha revista e así permaneceu ata que rematou o *party*. Algúns dicían que

Membros
do grupo
Brais Pinto

era pose. Ás veces tiña aires así distanciadores. Con todo, penso eu, aquela postura debeulle resultar moi incómoda porque o chan era de pedra. De lousa».

Da relación co pintor Reimundo Patiño naceu o gusto de Novoneyra polo gravado e medrou o seu interese polas artes plásticas. A pintura era outra das grandes paixóns de Uxío. ¿Quen era Reimundo Patiño? Pois un pintor galego, nacido na Coruña, que estivo sempre atento ás vangardas artísticas, que estaba moi interesado na banda deseñada e, ademais, creou o primeiro álbum de banda deseñada en galego. «¡Que frutífera a relación de Patiño con Novoneyra! –asegurou Herminio Barreiro– ¡canto sabían das artes plásticas! Patiño

51

era un coñecedor profundísimo das últimas tendencias e de todos os soportes sociolóxicos da pintura. Ademais, gustáballes moitísimo aos dous experimentar: debuxos, litografías, linóleos. Pintaban os dous, aínda que cada un no seu... Pero ao final e alá no fondo de todo sempre estaba a poesía. E estaba tamén Galicia e a autodeterminación. E estaba a loita antifranquista... Duraría. E non morrería. Non morreu nunca aquel intercambio ricaz, pleno e sempre compartido de Patiño e Uxío Novoneyra».

A algunhas persoas dáballes a impresión de que Uxío Novoneyra vivía en Madrid como se vivese no Courel: «camiñaba sempre amodo ou a grandes trancos. Subía a Gran Vía cara a Callao coma se apulicase cara á Devesa da Rogueira. Ou descansaba nun banco do Retiro coma se se deitase mirando ao ceo na campa da Lucenza», escribiu Herminio Barreiro. E, con todo, sentíase a gusto en Madrid. Madrid foi sempre a súa cidade, conta Barreiro. Era unha cidade na que se sentían vivos, activos, responsables, espertos. Como asegura Barreiro, Novoneyra falaba co Courel pero ollaba a serra madrileña do Guadarrama, mesmo nos seus poemas:

Reimundo
Patiño

Seguirei na cidade
non quero engañarme ollando á serra.

14

Elexías do Courel

En 1966 publica na editorial madrileña Rialp, dentro dunha prestixiosa colección de poesía, o libro *Elexías do Courel e outros poemas*. A edición era bilingüe, galego-castelán. Moitos anos máis tarde, en 1992, ese libro reedítase na editorial Vía Láctea baixo o título de *Tempo de elexía*. O gusto polas elexías, claro, arrincara do laio pola morte dos seus amigos Luís Pimentel e Carlos Maside, cando aínda vivía no Courel. Uxío dicía que tanto a dor polo que se perde, como a falta do que non se ten, ou a dor polo que desaparece, eran as causas que o motivaban a escribir elexías.

As *Elexías do Courel e outros poemas* naceron dun tempo político e social convulso para quen o viviu, das execucións e castigos do franquismo, das protestas e das revoltas sociais contra as ditaduras. O libro comezaba con este breve poema, dun único verso, a xeito de epitafio (os epitafios son esas frases breves que se escriben nas lápidas dos cemiterios ou nas esquelas):

Morrer é ficar morto.

Unha parte do libro son as «Elexías de Madrid», que se sitúan precisamente nese contexto. Nos poemas aparece o tema da liberdade, que ten moita importancia para o autor. A liberdade e a capacidade das persoas para soñar son dúas aspiracións fundamentais na súa poesía. A Herminio dedicoulle precisamente un poema sobre a liberdade:

LIBERTÁ, chamas dos ollos tristes, das caras
       / do Metro,
dos que xa perderon o futuro e ganan o pan
       / con sobresalto,
na gran cidade, nos tesos cumes i en todo
       / o silencio preguntando.
Vélante os xóvenes
i os que saben da morte e xuntan inseguranza
       / e desamparo.
Cando vexo un neno penso en ti
e, se oio un bruido sin nome,
coido que ti chegas i acude todo o sangre.
Todo bruido sin nome é un agoiro.

O compromiso ético e político en Novoneyra e na súa poesía é cada vez máis forte. Como lle lembrou ao escritor Luís Rei Núñez, xa escribira poemas sociais cando, anos despois, a poesía social de Celso Emilio Ferreiro se puxo de moda. De feito, o seu poema «Irei un día do Courel a Compostela por terras liberadas» escribírao no ano 1957 e publicárao ao ano seguinte nunha revista de Bos Aires, xa que en Galicia era imposible, daquela, publicar algo así.

15

O REGRESO A PARADA

A causa das doenzas que padecían os seus pais, Uxío debe emprender o camiño de regreso ao Courel en 1966. A súa nai tiña alzheimer, que é unha enfermidade que leva a que as persoas perdan a memoria e parte das súas facultades mentais.

Á súa chegada, ademais, atópase cunha María Mariño que escribe de xeito enfebrecido, loitando contra o tempo e contra a morte, pois padece unha leucemia. Cando Roberto Pose, o seu home, lle dixo a Uxío que María tiña leucemia e estaba condenada a morte, ao autor de *Os Eidos* treméronlle todos os músculos do seu corpo grandón. Non tiña moito que preguntar porque nos ollos de Roberto se podía apreciar a irreversibilidade do proceso e o anuncio da arribada da morte. Así que se pechou na casa e, devorado pola dor, diante dun folio en branco púxose a escribir unha «Elexía previa a María Mariño». ¡Outra vez a elexía! Estoute vendo aínda e escríboche esta elexía, pensou Uxío, matinando no anuncio da morte de María Mariño. Logo riscou o bolígrafo sobre o papel,

poñendo coa súa letra magnífica: «a fala galega xa non se moverá en cen anos: as palabras seguirán ehí». ¿Como sería quen de conxugar esa traxedia co feito de vela sorrir outra vez de alí a un intre?

Naqueles días, a contrarreloxo, María Mariño estaba a escribir o seu libro *Verba que comenza*, que deixaría rematado antes da súa morte pero que, con todo, nunca vería publicado. De feito, non se publicaría ata 1992, moitos anos despois, grazas á teimuda vontade de Uxío Novoneyra. El viu nesta muller unha poeta revolucionaria, que buscaba a verdade en cada verso, logo de que a escrita poética a axudase a descubrirse a si mesma, a atoparse, a ser máis feliz, máis chea. Nos días da enfermidade, nada máis erguerse da cama, María Mariño escribía un poema, e logo Uxío Novoneyra recollíallo e pasáballo a máquina pola tarde. Dese xeito escribiu trinta e cinco poemas. Uxío estaba impresionado con aquel arranque, con aquel impulso poético esgazador para deter a morte.

Faleceu o 19 de maio, logo de rematar o derradeiro poema do libro.

16

ELBA EN TEMPOS DE CÓLERA

ELBA Rei, a futura muller do escritor, aparece na vida de Novoneyra nos últimos anos da década dos 60. Ela mesma relatou como foi o encontro: «Eu estudaba Maxisterio en Lugo. Eu namorábame das miradas, dunha voz. No verán de segundo de Maxisterio fun veranear a Vicedo. Unha tarde de verán, cando eu tiña 17 anos, fun pasear coa miña amiga Ana María. Iamos a tascas ás que só ían homes. Entramos no bar Juma, que era moi bonito. Había unha exposición de pintura. Colliamos notas da exposición porque estabamos artellando unha revista. Xusto entón entrou un home deslumbrante que viña de Madrid. Era Uxío. Era completamente distinto aos outros homes. Levaba bolso, vaqueiros, sandalias e unha cazadora tan bonita que lla trouxeran de Canadá, que era vermella e negra».

A cazadora, probablemente, era «O lobo», aquela que lle regalara o seu amigo Herminio. A partir de entón, a Elba, coa que compartiría o resto da súa vida, dedícalle unha boa parte da súa obra. A súa poesía amorosa reúnea, anos despois, no volume *Muller pra lonxe*.

O ano das maiores ilusións foi 1968. Era un ano en que parecía que todo ía ser posible: «a liberación do teu pobo, e a liberación dos pobos liberados incluso», comentaba Uxío, «foi un fenómeno excepcional de esperanza social, parecía que aquela xuventude era imparable, e entón acababa contaxiándonos a todos».

Eran tempos coléricos, de rebeldía, de insubmisión. En Francia, París estaba tomada polos estudantes revolucionarios do maio do 68; e na España reprimida e silenciada nacían os movementos de protesta. En Galicia, aparecía o movemento musical Voces Ceibes, impulsado por unha serie de cantautores que cantaban en

Elba e Uxío
no Courel

galego e loitaban contra a ditadura de Franco. Mentres, o exército dos Estados Unidos masacraba a poboación civil no Vietnam, moi especialmente na aldea de My Lai, onde centos de persoas, a maioría mulleres e nenos, eran executados por soldados do exército americano. E, en Bolivia, morría un guerrilleiro revolucionario que se ía converter nun mito universal: o Che Guevara, sobre quen Uxío escribiu un poema. Outra vez, unha elexía: «Pranto polo Ché».

Nese ano tan revolto, Novoneyra compón dous poemas fundamentais na súa obra: «Vietnam Canto» e «Letanía de Galicia». O primeiro foi un éxito en canto o recitou na Coruña, ante o entusiasmo dos asistentes. Estes poemas adiantábanse á poesía social dos anos 70.

«Letanía de Galicia» está pensado para ser recitado co apoio dun coro. A ladaíña, en sentido literal, é unha oración relixiosa, repetitiva, coa que se invoca aos santos. En Uxío Novoneyra a ladaíña convértese nun canto de protesta, de denuncia da situación da Galicia oprimida, da Galicia labrega, da Galicia mariñeira, obreira, irmandiña... que el quere ver libre:

GALICIA digo eu / ún di   *GALICIA*
GALICIA decimos todos   *GALICIA*
hastra os que calan din   *GALICIA*
e saben   *sabemos*

GALICIA da door   chora   *á forza*
GALICIA da tristura   triste   *á forza*
GALICIA do silencio   calada   *á forza*
GALICIA da fame   emigrante   *á forza*
GALICIA vendada   cega   *á forza*
GALICIA tapeada   xorda   *á forza*
GALICIA atrelada   queda   *á forza*

libre pra servir   *libre pra servir*
libre pra non ser   *libre pra non ser*
libre pra morrer   *libre pra morrer*
libre pra fuxir   *libre pra fuxir*

A estrutura do poema, segundo conta o seu amigo Xosé Lois García, está inspirada na enfermidade do alzheimer que sufría a súa nai. Ela, debido á falta de memoria repetía, coma nunha oración, coma nunha ladaíña, as mesmas cousas: «na primeira fase da enfermidade a señora Manuela repetía frases constantemente en forma de ladaíña como: *Non hai remedio, non hai remedio, non hai remedio... Non hai remedio pra min, non hai remedio pra min.* Ou: *non hai remedio pro mundo, non hai remedio pro mundo*, etc. Tal como Uxío me informou, as repeticións tanto de 'Letanía de Galicia' como de 'Vietnam Canto' teñen a súa orixe nesas frases que a súa nai repetía constantemente coma se fose unha ladaíña».

Efectivamente, o mesmo sucede co poema «Vietnam Canto», que está inspirado pola solidariedade co pobo de Vietnam e a protesta contra a actitude imperialista e agresiva dos Estados Unidos, país que non dubidou en matar a poboación civil para gañar a guerra.

A dureza e o sentido crítico deste poema fixo que fose moi difícil publicalo naqueles anos e, de feito, Nononeyra tivo moitos problemas coa censura para que o poema puidese ver a luz. Nunha carta que lle envía a Manuel María a finais do ano 1968, comunícalle que o poema xa foi examinado polo Ministerio de Información e que a súa publicación non foi aprobada pola censura. Durante a ditadura de Franco só se podía dicir ou publicar o que o goberno autorizaba.

O escritor Xosé Luís Méndez Ferrín dixo que co poema «Vietnam Canto» se podían producir grandes cambios na poesía galega, pero naquel momento a maioría dos poetas preferían a liña socialrealista de Celso Emilio Ferreiro. Esta era unha poesía máis directa, onde a protesta política centraba os temas e non importaba como se escribía.

CUMES CUMES CUMES CUMES COM'ESTES ECOEN
UNHA VEZ POR CADA MORTE
VIETNAMMMMMMMMMMMM
VIETNAMMMMVIETNAMMMMMMMMMMMMM
VIETNAMMMMMMMMMMMMM

metan na casa a verba na cociña na mesa   na cama xa está
e calar calarcalaaaaaaaaaaaaaaaaaaaaaaaaaaaaaaaaaaaaaaaaaaar
hastr'o berro que te acusa USAUSAUSAUSAUSAUSA

un
morto
dous mortos
tres / trinta mortos
trescentos / tres mil mortos
OFENSIVA DO TEIT 22000 / 100000 mortos
tódalas *os se volven ceros 00000000000000000000000
baixo de cada un 10 / 100 / 1000 / 10000 mortos á máquina
difuntiños que a noite acolle entre cañas baixo o torbón
    do monzón
na lua do TEIT

En «Vietnam Canto», pola contra, a forma dos versos e do poema ten moita importancia e faise moi gráfica. A disposición das palabras no papel, a lonxitude dos versos, os sons, as letras, as repeticións, os símbolos, os elementos visuais... todo está disposto para causar unha impresión global, de conxunto, nos lectores e lectoras. Uxío escribiu o «Vietnam Canto» porque llo encargaron para unha revista, e contaba que en canto lle chegou a carta xa «empecei a escribir polas esquinas do xornal, polos brancos, frases concatenadas ou inconexas, frases, frases, outra, collendo papeis de calquera sitio, anacos, anacos soltos, en papeis soltos, escribindo frases con brío; e logo senteime á máquina de escribir e empecei a xogar coa máquina de escribir, copiando aquelas frases, e ordenándoas dun xeito distinto».

Dese xeito impulsivo foi como escribiu un dos seus mellores e máis coñecidos poemas. Era un momento, ese, cando se instalara no Courel xa de volta de Madrid, en que comeza a escribir influído polo ambiente que vivira naquela cidade; influído por aquel espírito rebelde e subversivo, idealista, e era consciente de que a súa poesía estaba comezando a cambiar, estaba collendo unha nova dirección. A súa poesía –e a súa caligrafía, á que cada vez lle daba máis importancia– estaba influenciada pola *Action Painting* (pintura de acción), un movemento artístico que coñecera no Kilombo, aquel simpático estudo do pintor Reimundo Patiño en Madrid, onde tamén facían guateques. Tratábase dun técnica que pretendía expresar sensacións como o movemento, a velocidade e a enerxía. Ademais, tamén estaba influído polo movemento *beatnik* e polos versos dun poeta americano chamado Allen Ginsberg, e moi especialmente polo seu poema «Ouveo», que pronto se converteu nun poema venerado por toda a súa xeración.

17

Os anos 70

Os anos 70 traen consigo moitos cambios políticos e sociais, pois son os derradeiros da ditadura de Franco, aínda que non por iso resultan menos convulsos. Cando Franco estaba a piques de morrer, en setembro de 1975, dous mozos galegos que eran antifranquistas, Xosé Humberto Baena e Xosé Ramón Reboiras, foron condenados a morte e executados. A poesía de Novoneyra está máis atenta ca nunca ao que pasa ao seu arredor. Pero na súa vida familiar e persoal tamén se producen importantes novidades, algunhas cheas de dor, como as mortes familiares. En 1971 morre o seu pai, José de Parada, aquel que atrevesaba «il

solo a Devesa do Rebolo». E dous anos despois morre a súa nai. Daquela escribe un poema, inspirado por esas mortes, porque cando está na Casa da Fonte sente as súas sombras por todos os recantos:

> Ando limpando a casa de cacharros e trastos
> lacenas e faios sin deixar rechubazo.
> Ando a tocarlle as maos ós antepasados...

Ese mesmo ano casa con Elba Rei, por quen, algo despois, escribe este poema:

A Elva que veu pro Courel

Neva
    e non leva.

Todo un tempo a un ora.

....

Cai a neve a plomo
como
nun ámeto pechado
cai a neve fora.

....

Xa non se oi o río.

Vai nacer outro Uxío
pra que siga o Pasado.

Co de «Vai nacer outro Uxío» refírese ao seu segundo fillo, que virá ao mundo en 1981. Algúns anos antes, en 1976, nace a súa primeira filla, de nome Branca Petra, igual que a avoa do poeta. A alegría da descendencia invadíralle a casa.

A década do 70, ademais de estar marcada polos cambios na súa vida familiar, supón unha toma de postura política e poética fronte aos acontecementos. En 1972, por exemplo, escribe un poema breve, que circulou clandestinamente de man en man, dedicado a Amador Rei e Daniel Niebla. Ambos os dous foron sindicalistas que morreron vítimas da violencia da policía franquista ao reprimir unha protesta nos estaleiros da Bazán en Ferrol:

> ERGUÉSTESVOS cedo aquel día
> / o costume do traballo /
> mañá cediño para facernos ca vosa morte.

Ademais, escribe un poema sobre o golpe de estado que se produce en Chile contra o presidente socialista Salvador Allende e outro dedicado ao poeta chileno Pablo Neruda que, a consecuencia dese golpe militar, se ve obrigado a exiliarse, a fuxir, para evitar a represión.

Pablo Neruda

O golpe en Chile, impulsado por Pinochet, foi especialmente cruel e sanguinario:

CHILE ametrallado
SALVADOR e AUGUSTO e VICTOR e tanto nome
e tanto anónimo aceso rematado a escuras
diante vós o silencio é o burullo das verbas máis quentiñas
atrancando o intre-peito como un bloque
                              bloque
                              bloque

Por esa época foi cando Uxío, por fin, logrou sacar do peito a rabia que levaba acumulada desde neno polo asasinato en 1936 daquel mozo de 21 anos da súa aldea de Parada que se chamaba Manuel de Ribadaira, a mans dos falanxistas. Sobre ese dramático feito escribiu un poema.

Ao Uxío daquela época retratouno coa palabra o pintor Antón Patiño, logo dunha visita que lle fixo á Casa da Fonte, en Parada: «Entramos na vella casa familiar, atopámolo no interior do salón xunto a unha fiestra debuxando cun groso rotulador, totalmente concentrado, absorto (non se decata da nosa presenza)». E logo engade que estaba a facer «debuxos esquemáticos, sinais fulgurantes que rexistraban a intensidade do nervio: o movemento onde a man semella ir máis rápido que o pensamento». Era o poeta, ocupado nos seus poemas caligráficos, eses poemas escritos co rotulador e inspirados na *Action Painting*, onde o importante é a enerxía e o movemento.

Ao principio, o nacemento dos fillos leva a Uxío e a Elba a vivir entre Lugo e O Courel. En Lugo, asiste con frecuencia a unha tertulia que se facía polas tardes no Café Madrid e á que acoden tamén Celestino Fernández de la Vega, poetas como Arcadio López-Casanova e Xulio Valcárcel. O seu amigo Xosé Lois García

lembra o moito que lle gustaba pasear pola cidade de Lugo: «polo contorno da praza Maior, nos cafés e paseando lento e elegante, baixando as escalinatas cara á praza de Santa María e sinalar onde viviu Luís Pimentel, ou manifestando a atracción que sentía pola porta norte da catedral».

18

Os Eidos 2

En 1974 publica na editorial Galaxia, por iniciativa da súa muller, *Os Eidos 2. Letanía de Galicia e outros poemas*. O libro inclúe os poemas escritos a partir de 1955, coa publicación de *Os Eidos*. Son poemas que continúan e afondan na mesma liña que os anteriores. Non obstante, o libro tamén recolle poemas de orientación máis social ou política como «Letanía de Galicia». Está ilustrado con debuxos do pintor Laxeiro, amigo de Novoneyra.

Uxío profundiza na súa poética, que emana da propia terra. Ao escritor Emilio Araúxo dille: «O que eu fago, poesía da Terra». E logo aclárelle que o que escribe non é poesía da paisaxe, porque á paisaxe, «os que conviven coa terra chámanlle terra». Para el, a paisaxe é a natureza vista polas persoas que non conviven con ela. Para Uxío é a terra: «Eu é unha cousa directa da terra. Longa convivencia, contacto por convivencia longa».

Tamén insiste en que é moi importante «estar dentro da cultura popular. Nunha palabra: o estar dentro da Lingua». En *Os Eidos 2. Letanía de Galicia e outros poemas* combínanse os poemas de orientación popular, máis apegados á tradición, e os que teñen unha vontade vangardista, rupturista.

19

POEMS CALIGRÁFICOS

O libro que publicou baixo o título de *Poemas caligráficos* é moi distinto e moi especial, diferente a todo o coñecido ata entón na poesía galega: un libro singular, que impacta, que entra pola vista, que chama a atención, que sorprende. O protagonismo é da caligrafía, dos trazos da súa man sobre o papel co rotulador. De feito, está pensado para chamar a atención dos ollos dos lectores. Resultou ser un libro inesperado dentro da poesía galega. E moito máis en 1979.

Os poemas caligráficos son o resultado do seu interese por ese movemento artístico chamado *Action Painting* que quería «expresar coas mans e co corpo iso que non se pode expresar coas palabras». En menor medida, tamén son o resultado do seu interese pola caligrafía e pola poesía oriental. E, finalmente, son o resultado da súas intensas experiencias e da convivencia con Reimundo Patiño nos días de Brais Pinto en Madrid. O libro publicouse nunha colección de Brais Pinto, precisamente, a petición do seu amigo Reimundo Patiño, que escribiu o prólogo. O propio Uxío contouno así: «Patiño ía facer un número dedicado á caligrafía en todo o mundo: caligrafía chinesa, gaélica, árabe, etc. Estaba fascinado coa miña grafía, por iso ma pide, pra participar, a miña parte ía ser unha das partes. Pero recibe os poemas e fíxome un libro do que eu lle mandara de colaboración pra unha revista. E el mesmo puxo o título de *Poemas caligráficos*».

O libro está nunha colección que se chama Cadenos da Gadaña e ábrese co «Vietnam Canto», poema no que, como confesou, tamén lle influíu o jazz, a repetición rítmica da música de jazz. Uxío dicía que ese poema «parece o texto dunha computadora. Pero é coherente. Baixan os versos e parecen edificios de Brasilia». Brasilia é unha cidade do Brasil, moi futurista, de edificios moi altos. Foi un poema que causou impacto na poesía galega. Tamén o libro parecía futurista.

20

Un clásico

CANDO comezan os anos 80, Uxío Novoneyra colle a gadaña por derradeira vez na súa vida. Aquel neno que gadañaba a herba dos prados no Courel cumpre agora 50 anos e, coma unha despedida, pasa a gadaña polos campos de Parada:

> GADAÑO cada vrao
> por mil miles de frores
> que de non gadañar
> n'houberan nacido.

Como poeta, xa está convertido nun clásico. Un clásico vivo, pero todo o mundo o ve así. Un clásico. O prestixio da súa obra permítelle ter a consideración de «clásico». Nese anos, o seu amigo Ferrín publica a súa tese, centrada no estudo da poesía galega, baixo o título *De Pondal a Novoneyra*. Ese título contribúe aínda máis a que a xente o vexa como un clásico. «Téñoche dito en tal lugar, en tal café, que ti eras o Pondal dos novos tempos, o Pondal da terra interior, das montañas, dos tesos cumes que miran de lonxe como esfinxes caladas e misteriosas. Incluso che teño dito que te parecías a el —tes certo aire— fisicamente, cousa que —permíteme que cho diga— non che desagradaba», dicíalle o seu amigo Fernández Ferreiro.

A partir de entón, cando deixa a gadaña, recompila novamente os poemas do Courel, reléndoos, reescribíndoos, depurándoos. En 1981, publica a edición completa de *Os Eidos* en Xerais, na colección Grandes Mestres, baixo o título de *Os Eidos. Libro do Courel*. O libro comprende «Os Eidos 1», «Os Eidos 2» e «Letanía de Galicia». Incorpora algúns debuxos e óleos que distintos pintores amigos fixeran de Uxío. Esa edición ten éxito e reedítase en diversas ocasións, con algúns cambios que Novoneyra vai facendo.

Uxío Novoneyra encarna á perfección o poeta que cre na constante revisión dos seus textos, que nunca dá un libro por acabado e que sempre volve sobre el, unha e outra vez, coma unha obsesión, co fin de atopar, cada vez máis, a expresión máis exacta, a palabra máis precisa. A esencia da poesía.

COMPOSTELA

E N 1982, Uxío Novoneyra é nomeado presidente da Asociación de Escritores en Lingua Galega, entidade fundada dous anos antes e presidida polo seu amigo Bernardino Graña.

Na vida familiar, axiña chega o terceiro fillo, Arturo. Era 1983. O segundo, ao que lle puxeran o mesmo nome do pai, nacera dous anos antes. Para Uxío, os fillos supoñen a ponte que se establece entre o pasado e o futuro:

> BRANCA Uxío i Arturo
> quedaranse no Futuro
> quedaredes no Futuro
> pre que siga o Pasado
> e ti Galicia a durar
> anque se funda o lousado
> e caia a neve no lar.
> Anque se funda o lousado
> e se descubra o faiado.
> No coarto en que fun nado
> e no mesmo leito ha nevar.

Despois do nacemento do seu terceiro fillo, a familia de Novoneyra trasládase a vivir a Compostela. A atención que requiría a Asociación de Escritores en Lingua Galega e os estudos dos fillos animárono a facer ese cambio. Os primeiros anos viviu na rúa Fernando III o Santo, e logo trasladouse a outro piso, que daba a un pequeno regato cun enorme salgueiro desde o que cantaban as aves. O seu amigo Xosé Lois García relata que ese feito o alegraba moito, igual que o alegrou a mediados dos anos 80 a oferta da editorial Sotelo Blanco de publicarlle unha antoloxía poética que el mesmo se encargaría de facer. O libro sería *Do Courel a Compostela.*

Eses anos á fronte da Asociación de Escritores en Lingua Galega supoñen frecuentes viaxes por territorio español, moi especialmente para participar na organización e desenvolvemento do Galeusca, que é un encontro de escritores galegos, vascos e cataláns que se celebra cada ano nun lugar distinto. Por ese motivo, viaxa a Barcelona, a Bilbao, a Valencia, a Palma, a Pamplona ou a Tarragona. En 1986 tradúcese *Os Eidos* ao éuscaro e publícase en edición bilingüe.

MULLER PRA LONXE

O seu libro titulado *Muller pra lonxe* chegou ás libraríaas en 1986, editado pola Deputación de Lugo. O tema do libro é o amor. Novoneyra reúne nel os poemas amorosos escritos entre 1955 e 1985. É un período de trinta anos, con poemas de amor de enfoque e estados de ánimo moi diversos: a vita  lidade, a depresión, a tristeza, a liberdade, o xesto, a alegría, a dor, a reflexión...

> Biquei a sua tristura i atopei os labios.
> Na aperta prendémolo Mundo.

Ademais, nos poemas aparecen moitas outras cuestións que teñen que ver coa sociedade, coa política, coa terra, coa paisaxe, cos sentimentos, etc:

> Inda a bágoa máis pura, máis sen direución
> / acusa ao poder

DO COUREL A COMPOSTELA

AQUELA proposta que lle fixeran da editorial Sotelo Blanco fixo que Uxío se decidise a reunir toda a súa poesía social e política baixo o título *Do Courel a Compostela*. Tamén estes son textos escritos nos últimos trinta anos, entre 1956 e 1986. O libro recompila poemas como «Vietnam Canto», «Letanía de Galicia», o poema dedicado ao asasinato de Manuel de Ribadaira, os dous do golpe de estado en Chile, o dedicado aos sindicalistas de Ferrol, o escrito en homenaxe ao Che Guevara, e tantos outros que inciden na liña do compromiso e de denuncia fronte ás inxustizas en Galicia e no mundo. Ao contrario que os poemas intimistas do Courel, estes son poemas nos que a súa voz quere ser a voz de todos e todas. O título, como sabemos, fai alusión a aquel poema escrito en 1957:

> GALICIA será a miña xeneración quen te salve?
> Irei un día do Courel a Compostela por terras
> / liberadas?
> Non a forza do noso amor non pode ser inutle!

Novoneyra escribira este poema nun momento en que España vivía en pleno franquismo e o futuro non era nada alentador. Por iso, el mesmo era consciente de que todo aquel amor por Galicia e pola súa cultura podía ser inútil. E, por iso, nos seus versos, rebélase contra esa posibilidade, para reafirmar a súa esperanza, a esperanza dun poeta que soña, que nunca deixou de soñar, que nunca abandonou a ilusión: «A forza do amor. A forza do noso amor, do noso amor á Terra, do amor ó Pobo, do amor ó propio pobo, do amor á Lingua, de todo o que configura a propia nación».

A súa compañeira Elba Rei declarou recentemente a un xornal que «*Do Courel a Compostela* é un percorrido mítico de liberación do seu *pueblo* e de todos os *pueblos* oprimidos». Sen dúbida.

> É xa hora de que señas toda patria dos teus
> dos que gardaron a fala en que mais se dixo *adeus*
> e señas dona de ti e señora de falar
> señora de decidir e dona de se negar.

En 1991 edítase o seu libro *Tempo de elexía*, que é unha reedición, tamén revisada, daquelas *Elexías do Courel e outros poemas* que publicara en 1966 cando estaba en Madrid.

24

Novas actitudes

Ao tempo que Uxío Novoneyra é aplaudido e venerado como un clásico, como modelo dunha obra poética singular e xa fundamental para a literatura galega do século XX, tamén xorden, entre finais dos anos 80 e principios dos 90, novas voces poéticas, frescas, divertidas e atrevidas, que teñen unha visión desacralizada da poesía, é dicir, que pretenden negar que a poesía sexa un xénero «sagrado», «intocable» e que botan man do humor para rirse da propia poesía. É o caso do grupo poético Ronseltz, formado por poetas moi novos, que recitaban os seus poemas polos bares e que, por rebeldía, parodiaban de forma corrosiva a poesía de Novoneyra, aínda que tamén a doutros poetas. ¿Por que a de Novoneyra? Seguramente porque naquel momento era precisamente un «clásico vivo».

En palabras da crítica literaria Chus Nogueira a actitude do grupo poético Ronseltz caracterizouse pola «ironía e a desacralización, o xeito de ler os clásicos sen prexuízos, algo que ás veces resultaba ferinte e provocador». E, seguramente, Uxío sentiuse ferido. Os Ronseltz escribían poemas con moito humor, nos que se metían con el, ironizaban coa paisaxe e burlábanse presentando o ciclista Álvaro Pino pedaleando polo traxecto liberado do Courel a Compostela.

Estes posicionamentos chocaron coa concepción máis seria que Novoneyra tiña da poesía e da súa actitude como «poeta total». Iso pódese relacionar coas afirmacións que lle fai ao seu amigo Xosé Lois García indo no coche polo Courel: «O problema do que falamos é que moitos poetas galegos perdéronlle o respecto á poesía. A poesía é como ese cume que ves aló lonxe, cando o sobes e entras nel envólvete

e non deixa de facerche

preguntas

co   seu
silencio e as cordas da
túa sensibilidade ábrense e o poema
tamén ten o seu primeiro respiro con toda a potencialidade que emana da terra».

Tamén o seu amigo Fernández Ferreiro o anima a finais dos anos 90: «a poesía que se fai hoxe ten moi pouco que ver coa túa. Non ten a súa forza, a súa expresividade, a súa fondura, nin a súa cosmogonía. É, penso eu, unha poesía sen raíces».

O que pasou foi que apareceron novas actitudes e enfrontábanse dúas maneiras diferentes de entender a poesía, dous xeitos distintos de abordar a creatividade e o feito poético.

25

Ilda e outros contos

Un día, un home chamado Xulio Cobas Brenlla, ao que lle gustaba moito a literatura infantil e dirixía unha colección de libros para nenas e nenos na editorial Edelvives, chamou por teléfono a Uxío Novoneyra e animouno a que escribise algún libro para publicar na súa colección. Sorprendido pola chamada, Uxío contestoulle que gardaba nun armario uns contos infantís inéditos. Os textos inéditos son os que nunca foron publicados e que ninguén coñece. En total eran seis, e escribíraos durante a súa estancia en Madrid. Ao principio tivera o proxecto de escribir algúns máis e agrupalos todos nun único libro, ao xeito en que o fixera Juan Ramón Jiménez en *Platero y yo*. Non obstante, nunca chegou a rematar ese proxecto. Simplemente, abandonouno.

Agora, ante a chamada de Xulio, decidiu recuperalos. O primeiro que publicou foi *No cubil do xabarín* (1991), ilustrado polo pintor Quintana Martelo. O libro relata as aventuras duns rapaces do Courel que queren, a pesar do risco que supón, visitar o acubillo do xabarín, o seu tobo, o burato onde vive e se refuxia. Está escrito cunha prosa moi poética, partindo da fala característica de Novoneyra e dando moitos nomes dos lugares por onde transcorre a acción. Por lóxica, é un libro con moito sabor a terra e a natureza.

Un ano despois publicou outro, tamén animado por Xulio. A este púxolle o título de *Gorgorín e Cabezón*, que eran os nomes dos nenos protagonistas. O que pasa no libro é que ambos os dous nenos están a enredar tranquilamente nun deses ríos de augas claras e frías que hai no Courel cando sucede algo que os sobresalta: aparecen os homes do saco que queren levalos canda si. A acción desenvólvese a partir dese feito e dos intentos dos nenos de fuxir das gadoupas dos homes. Tamén é un libro escrito cun forte rexistro poético e por iso, como o anterior, non é doado de ler.

Finalmente, Novoneyra aínda lle entregou a Xulio un terceiro libro destinado aos lectores e lectoras infantís: *Ilda, o lobo, o corzo e o xabarín*, que se publicou en 1998. O libro está dedicado a Elba, é moi bonito e o que mellor se le e, sen dúbida, o máis axeitado para o público ao que está destinado. O relato céntrase nunha lenda medieval do Courel, a lenda de Ilda, sobre a que tamén escribira un poema para *Os Eidos*:

> VENTANA de Doña Ildara
> prá banda da tara!
> Castelo do Carbedo
> sólo prá tarde no bico do penedo!

Trátase dunha historia marabillosa na que a protagonista é Ilda, unha moza que medra soa na torre dun castelo. Deixáraa alí o seu pai logo da morte da nai. Ela soña con fuxir da torre e espera a chegada dun príncipe que a salve. Para conseguilo, ten un plan que axiña levará a cabo.

26

Poemas da doada certeza

Os poemas reunidos neste libro de longo título, *Poemas da doada certeza i este brillo premido entre as pálpebras*, son bastante diversos e presentan a un poeta na madurez, cando xa ten anos abondo para facer unha reflexión sobre a vida. O libro publicouno no ano 1994 a editorial Espiral Maior, dirixida polo editor e poeta Miguel Anxo Fernán Vello, que tamén era compañeiro de Uxío na directiva da Asociación de Escritores en Lingua Galega. Algúns dos poemas que inclúe eran coñecidos e outros continúan a liña da queixa, da elexía por determinadas persoas ou cousas. O libro semella un canto á tristeza, escrito desde unha infinita melancolía.

Tamén aparece unha cuestión que preocupaba moito a Novoneyra: a despoboación do rural, é dicir, que o campo se quede sen xente. Durante toda a década dos 70 o rural galego estaba empobrecido e moitas persoas marcharon ás cidades á procura de traballo ou de mellor sorte. As aldeas baleiráronse e bastantes casas quedaron abandonadas. En Parada, a aldea de Novoneyra, tamén sucedeu iso. Ademais, neses anos Galicia sufriu unha forte emigración: a xente marchaba ao estranxeiro tamén para atopar traballo e vivir en condicións máis dignas.

A tristeza que a Novoneyra lle producía ese abandono do rural, vendo a súa aldea sen xente, era terrible. Ademais, el vencellábao co desprezo á cultura tradicional galega, que durante séculos se mantivo viva ligada á terra e á natureza: «A xente aceptou a agonía rural. E o goberno aceptou a agonía do rural dicindo que é inevitable. Acéptana cunha tranquilidade pavorosa, sen saber que se vai o sentido fundamental do noso pobo: eí estaba a reserva última da nosa lingua. Vivín moito o período agónico do rural no Courel».

Novoneyra escribe algúns poemas deste libro precisamente a partir da contemplación desa terrible realidade. E esa realidade era moito máis dura cada vez que chegaba á súa aldea e a atopaba baleira, sen xente, sen nenos, sen vida:

> Os vellos camiños cegos.
> Rotas deixadas!

Tamén pode verse neste outro sobre a Pena do Castro:

> Chancela limpa da costa irada
> toda de toxos e silvas altas.

Consciente de que el mesmo estaba a chegar ao final da súa vida, consciente dos anos que pasaban, o poeta preguntábase se o Uxío Novoneyra que escribe este libro é o mesmo que pisaba aqueles eidos do Courel:

Deiteime na berba
cas maos nas meixelas.
OS EIDOS

I estes brazos inda son aqueles
que sosteron no souto a cabeza dos soños?

Con esas mesmas intencións escribiu o poema «Onde só queda alguén pra aguantar dos nomes», que se publicou nun libro no que participan tamén o escritor Emilio Araúxo e o fotógrafo Federico García Cabezón. As fotos retrataban a ruína e o abandono da vida no campo en Galicia.

Nos *Poemas da doada certeza*, Uxío tamén incluíra algunhas destas fermosas e desoladoras fotografías.

Uxío Novoneyra e Manuel María

27

Os últimos anos

COMO a Uxío Novoneyra lle gustaba moito pasear, resultáballe enfeitizante camiñar por Compostela. Vencellado á cidade de Santiago, sae publicado o libro *Camelio xaponés*, en 1995, que recolle en galego e en xaponés, sete versos xaponeses escritos por Ayako Sugitani, así como tres poemas de Novoneyra en galego e en xaponés, traducidos por esa mesma escritora. Este é un libro que lembra o interese que el tivo sempre pola poesía oriental e, máis concretamente, polo haiku. De feito, contaba que «o haiku debeu ser un dos primeiros poemas nos que eu reparei. Fascinoume un haiku, cando tiña quince anos». Iso e o que vén a continuación é o que lle confesa a Emilio Araúxo: «O certo é que tiña unha sucinta literatura universal nas mans, e vin un haiku, lin un haiku que estaba traducido rimado, era o famoso haiku, ese que agora teño visto traducido doutras moitas formas non rimadas, pero eilí dicía: *Una rama seca / y una corneja. / Tarde de otoño*. Ese creo que foi o primeiro poema escrito, no que eu reparei na miña vida. Sí».

Nos dous últimos anos antes da súa morte aínda publica tres libros máis. En 1998 ve a luz *Betanzos. Poema dos Caneiros e Estampas*, que é unha homenaxe a unha tradición –a da festa dos caneiros de Betanzos– que lle gustaba moito e á que ía con frecuencia.

Ese mesmo ano publica tamén *Dos soños teimosos*, na editorial Noitarenga, unha editorial moi pequeniña, que creara o seu amigo Emilio Araúxo. É un libro moi distinto, porque non é de poemas. Emilio faille preguntas a Uxío, máis ao estilo dun compañeiro que dun xornalista. Pregúntalle cousas relacionadas coa súa vida e a súa obra literaria. E el vaille respondendo. Non é un libro doado de ler, máis ben é complicado, pero é un libro fermoso e poético, onde Uxío nos explica a súa vida e poesía, con voz propia.

O último libro de Uxío Novoneyra, que, dramaticamente, se fabricou na imprenta a medida que a súa vida se ía apagando, é *Arrodeos e desvíos do camiño de Santiago e outras rotas*. Trátase dun poemario sobre a importancia do Camiño de Santiago. Nel constrúe rutas poéticas ligadas ao seu ancestral amor á terra.

28

Dicidor

OS últimos anos, Uxío Novoneyra deu moitos recitais poéticos. Era algo que fixera sempre, ao longo da súa vida, e gustáballe moito. Os que o vimos recitar algunha vez decatámonos de que tiña un don especial. El considerábase un «dicidor», herdeiro desa tradición de labregos que durante as súas faenas ou a carón da lareira «dicían» versos, contos, romances ou lendas. Eran os «dicidores».

A Uxío gustáballe moito recitar, ou «dicir», pois era unha arte que dominaba, e sabía exercer o control da palabra, sabía imprimir a entoación precisa, sabía buscar a emoción en cada momento. Os seus recitais eran sempre un espectáculo abraiante, entrañable, un acto de intimidade, de emotividade. O dramaturgo Alfonso Becerra, que o tratou, dixo sobre isto: «gustaríame reivindicar o particular uso que fai do dicir, a plasticidade coa que modula a súa voz nos recitais, que transita diferentes tesituras, volumes, ritmos, intensidades e rexistros».

Uxío contou unha vez unha anécdota sobre a importancia da entoación da voz, de como se deben ou se poden dicir e transmitir as cousas. En certa ocasión, estaba el nun bar de Lugo, que pertencía a un individuo do Courel «e chegou un-tipo-deses-que-o-recorren-todo e díxolle que estivera facía pouco na súa casa da aldea, na montaña. Entón aquel home dixo: ¡ah!... ¡a miña casa!... ¡a miña casa!... ¡a miña casa!... ¡a miña casa!... Dixo seguido dez ou máis veces ¡a miña casa!, cunhas cargas incribles e distintas. Ningún actor do mundo, ningún dicidor experimentado podería encontrar in-

flexións sonoras, máis reveladoras cás daquel labrego metido a taberneiro, e rexidor dun bar. E o outro só lle dixera: estiven na súa casa da serra. (Estaría pechada supoño). E el repetiu dez ou máis veces: ¡a miña casa!». Uxío quedou abraiado polo xeito de expresarse daquel home, sempre coas mesmas palabras, pero ditas de diferentes xeitos. «Eu non sabería dicir nin tres veces aquilo. Os rexistros que deu alí dicindo soamente: ¡a miña casa! En Lugo, no bar O Caurel. Incrible, quedei pasmado. ¡Como o dixo, como o dixo aquel home!», teimaba o poeta de Parada.

Ramón Piñeiro, que foi sen dúbida a persoa que máis creu en Novoneyra, nunha carta de 1962 insistía sobre esta capacidade do poeta: «a poesía dos nosos cancioneiros ninguén a recita como Novoneyra. El é un marabilloso recitador, e esta poesía, de seu difícil, porque foi escrita para cantar con música, na súa voz acada a gran riqueza rítmica e a matización íntima que o lector de versos dos nosos días, tan distintos daqueles, apenas percibe. É unha gran pena que non se faga unha boa gravación en discos, que sería a mellor maneira de a difundir amplamente».

29

A MORTE

Uxío Novoneyra faleceu o 30 de outubro de 1999, logo de pasar quince días ingresado no hospital Gil Casares, de Santiago de Compostela. Desde os últimos anos padecía un tumor que foi o que acabou coa súa vida. A súa morte tivo unha extraordinaria repercusión na vida cultural e social de Galicia e todos os xornais dedicáronlle varias páxinas ao acontecemento, feito que denota a consideración que a súa obra e a súa figura tiñan para o país.

segundo partido. Así lo refleja la encuesta de Sondaxe elaborada cinco meses antes de los

BNG obtendría... ficiente para poder constituir grupo parlamentario. **3 a 7**

ESTIMACIÓN GENERALES 2000

Morre Uxío Novoneyra, o poeta que deu vida ó Courel

Minutos antes do mediodía de onte morreu no hospital Gil Casares, de Compostela, Uxío Novoneyra. A esa hora tiña que empezar en Santiago unha homenaxe ó poeta do Courel, que fora suspendido o venres debido ó agravamento da súa enfermidade. A data para esta

30

Unha vida, unha obra

A identificación entre a vida e a obra que facía o propio Uxío Novoneyra responde tamén a esa concepción do que se chama un «poeta total». De feito, afirmaba que *Os Eidos* só fora posible grazas a unha intensa experiencia, na súa vida, de convivencia coa terra: «Cada vez pásmome máis de aquel estado de *Os Eidos*. Non de *Os Eidos* como libro. O que me asombra, do que estou asombrado, do que sigo asombrado,

é do que sentín, ¿comprendes? A experiencia de como dei coel e me instalei naquel mundo, e conseguín que aquel mundo me colmase».

A viúva de Uxío, Elba Rei, declarou nunha entrevista que para el «a vida e a obra están tan encaixadas que é difícil distinguilas. Uxío dicía que un poeta é o que está niso. Non necesita nin publicar».

De feito, el consideraba que a súa actitude diante da vida foi sempre a dun poeta. «Acabei servindo á palabra poeta», asegurou. «Tamén me axudou a facelo ter por compañeira unha muller que consideraba que ser poeta era un gran destino». Ela reafirmábao: «considero que ser poeta é o máximo destino porque é o máis solidario coa túa existencia e coa existencia dos demais. E a mirada máis compasiva. Tamén é o camiño para a felicidade e para estar sempre aberto á beleza».

Uxío Novoneyra ligaba a autencidade da poesía a ese entrelazado entre a vida e a obra. «Foi unha manía miña», explicaba. E engadía: «unha cousa que non pase pola experiencia, pola emoción, non a deixarei pasar á palabra».

E, así, a palabra que para sempre nos legou é a palabra da emoción, que transcende o tempo e cae sobre nós co vagar e a beleza dunha folerpa do Courel.

Epílogo do autor

Este libro, *Folerpas de Novoneyra,* naceu coa intención de constituír unha primeira descuberta, de revelarlles aos lectores e lectoras infantís os pequenos segredos do poeta, do mundo que habitou e, sobre todo, da súa poesía; como a concibía e que circunstancias motivaron os seus textos. E, ao tempo, é unha biografía que navega buscando a conciliación permanente entre a vida e a obra de Novoneyra, eses dous aspectos que para el resultaron inseparables. Uxío Novoneyra foi un dos poetas galegos máis rigorosos, visionarios e singulares da literatura galega, e a súa obra queda ligada inevitablemente ao século XX para transcendelo.

O libro, indubidablemente, bebe de toda a información anterior publicada sobre Uxío Novoneyra, sen exclusión. Xa que logo, é de xustiza recoñecer esa débeda, tanto ás fontes que cito a continuación como a aquelas outras que quedan sen citar. O libro fundamental para comprender o pensamento e o discurso literario de Novoneyra é *Dos soños teimosos,* editado grazas á iniciativa de Emilio Araúxo. Outra achega moi recente e imprescindible é *Uxío Novoneyra, revisitado,* de Xosé Lois García. *Folerpas de Novoneyra* aliméntase moi especialmente de todos os testemuños que proporcionaron as persoas que, nalgún momento da súa vida, estiveron moi próximas ao poeta, sobre todo o relato de Herminio Barreiro, pero tamén o de Xosé Fernández Ferreiro, Bernardino Graña, Alonso Montero, así como o da súa viúva, Elba Rei. De grande utilidade resultáronme al-

gunhas entrevistas con Uxío, entre as que é preciso no-
mear a que Manuel Rico Verea lle fixo en Radio Nacio-
nal de España e a que Luís Rei Núñez recolleu en *Ofi-
cio de escribir*. Tamén manexei a entrevista de Lupe
Gómez a Elba Rei. Un volume imprescindible é o da
homenaxe publicada pola AELG baixo o título *Uxío
Novoneyra, a emoción da terra*. Outra valiosa fonte de
información está na correspondencia entre Ramón Pi-
ñeiro e Basilio Losada (Galaxia), editada por María
Xesús Lama e Helena González. En menor medida bo-
tei man dos estudos de investigación literaria, entre os
que cómpre citar os de Carmen Blanco e Claudio Ro-
dríguez Fer.

Uxío Novoneyra en 1992 con algúns membros de Brais Pinto: Cri-
beiro e Manuel María (de pé), Méndez Ferrín e Bernardino Graña
(sentados). Primeiro á esquerda, Fran Alonso, autor deste libro.

Uxío Novoneyra na rede

Páxina web sobre Uxío Novoneyra

http://www.uxionovoneyra.com

Uxío Novoneyra na AELG

http://www.aelg.org/Centrodoc/GetAuthorById.do?id=autor230

Uxío Novoneyra e o Pazo de Tor

http://www.youtube.com/watch?v=ulI-Legm71Y&feature=related

«Vietnam Canto» lido polo autor

http://www.youtube.com/watch?v=cGBHtVirQyQ

«Letanía de Galicia», lido polo autor

http://www.youtube.com/watch?v=K8_jFWgaBWg&feature=related

«Porta Xorda», lido polo autor

http://www.youtube.com/watch?v=93LT2bGrf1I&feature=related

Recital de Novonerya en Mazustegi (País Vasco)

(Son sete vídeos. Relaciónase o primeiro)

http://www.youtube.com/watch?v=oMOGXAjB4G8&feature=related

Recital de Novoneyra no Fogar do Pescador (Vilaxoán)

http://www.youtube.com/watch?v=P7GIiVWsBMA&feature=related

Un poema de Novoneyra cantado por Emilio Cao

http://www.youtube.com/watch?v=vOPjzx6jotY&feature=related

Un poema de Novoneyra cantado por Na Virada

http://www.youtube.com/watch?v=Up75ODDFC90&feature=related

Tempo de elexía: María Mariño e Uxío Novoneyra

http://www.youtube.com/watch?v=bGX4t3bsM7Y&feature=related

Teaser Uxío Novoneyra: Poeta /Alén

http://www.youtube.com/watch?v=y-k2fICRfqM&feature=related

Serra do Courel en Wikipedia

http://gl.wikipedia.org/wiki/Serra_do_Courel

A Devesa da Rogueira

http://www.galicia360.com/comarca-de-quiroga/o-caurel-devesa-de-rogueira.html

CRONOLOXÍA

1930: Uxío Novoneyra nace o 19 de xaneiro en Parada do Courel no seo dunha familia labrega acomodada.

1936: Prodúcese o levantamento militar contra a República que provoca a Guerra Civil española. O tío de Novoneyra, Manuel Novo, que era alcalde de O Courel pola Fronte Popular, vese obrigado a agacharse na casa familiar de Novoneyra durante tres anos.

1945: Aos quince anos, Uxío tradádase a Lugo durante o período escolar para estudar o bacharelato.

1948: Comeza a escribir por esta época. No instituto, coincide con Manuel María. En Parada instálase María Mariño, que intima coa familia de Novoneyra.

1949: Uxío remata o bacharelato en Lugo e marcha a Madrid, onde se matricula como oínte en Filosofía e Letras.

1950: Novoneyra vive en Madrid, cidade moi marcada pola dureza do ambiente de posguerra. Etapa de lecturas e aprendizaxe autodidacta; faise usuario asiduo da Biblioteca Nacional. Uxío dá o seu primeiro recital na universidade e publica algúns poemas en revistas literarias.

1952: Volve a Galicia para facer o servizo militar, onde volve coincidir con Manuel María. Grazas a el, Novoneyra entra en contacto co galeguismo e coñece a intelectuais como Otero Pedrayo, Ramón Piñeiro, García Sabell, Fermín Bouza-Brey e Carlos Maside.

1953: Debido a unha pleurite, vese obrigado a regresar ao Courel, onde permanecerá ata 1962. Novoneyra escribe *Os Eidos* entre 1952 e 1954.

1955: Publícase *Os Eidos* na editorial Galaxia, cun prólogo de Ramón Piñeiro. O libro está dedicado ao pintor Carlos Maside, co que o poeta mantén unha forte amizade.

1957: Uxío Novoneyra atrévese a falar en galego nun recital poético no Círculo Mercantil de Compostela, ante a sorpresa do público.

1958: Morre en Lugo o poeta Luís Pimentel, ao que Novoneyra se sentía unido. Ese mesmo ano morre outro amigo: o pintor Carlos Maside.

1960: Uxío Novoneyra envíalle varias cartas a Ramón Otero Pedrayo falándolle de María Mariño e solicitándolle un prólogo para *Palabra no tempo*.

1962: Novoneyra marcha novamente para Madrid e, durante estes anos, traballa colaborando na radio e na televisión, en programas literarios. Comeza a súa intensa relación con membros do grupo Brais Pinto, fundado en 1958. En Madrid vive a experiencia dunha cidade marcada pola loita antifranquista e o activismo estudantil. A cidade revive un clima de rebeldía. Novoneyra mantén unha amizade moi fonda co pintor Reimundo Patiño e os dous permanecen atentos aos movementos culturais máis renovadores.

1964: Fúndase a UPG en Compostela.

1966: Novoneyra publica *Elexías do Courel e outros poemas* (1966, E. Rialp, Madrid), editado en versión bilingüe galego-castelán. Retorna ao Courel debido á enfermidade dos pais.

1968: Escribe os poemas «Letanía de Galicia» e «Vietnam Canto».

1971: Morre o pai de Uxío Novoneyra, José de Parada.

1973: Casa con Elba Rei. Ese mesmo ano morre a nai de Novoneyra.

1974: Publica *Os Eidos 2. Letanía de Galicia e otros poemas*, na editorial Galaxia, ilustrado con debuxos de Laxeiro.

1976: Nace a súa primeira filla, Branca Petra.

1979: Publica en Brais Pinto os *Poemas caligráficos*, prologados por Reimundo Patiño. Novoneyra é un mito entre os escritores novos.

1981: Nace o seu fillo Uxío. Publica en Xerais *Os Eidos. Libro do Courel*, revisado, recompilado e depurado. Novoneyra xa é considerado un clásico.

1982: É nomeado presidente da Asociación de Escritores en Lingua Galega.

1983: Nace o seu fillo Arturo. Trasládase de xeito definitivo a Santiago de Compostela, onde vivirá o resto da súa vida. Ferrín publica *De Pondal a Novoneyra*.

1985: Reedítase, ampliada e completa, a edición de *Os Eidos. Libro do Courel* (Xerais, 1985).

1986: Publícase, a cargo da Deputación de Lugo, o poemario *Muller pra lonxe*, de temática amorosa.

1987: Tradúcese *Os Eidos* ao éuscaro, que se publica en versión bilingue, (*Bazterrak Os Eidos*, editorial Pamiela), traducido por Koldo Izaguirre.

1988: Ve a luz *Do Courel a Compostela (1956-1986)*, na editorial Sotelo Blanco.

1990: Sae do prelo *Os Eidos* na colección Biblioteca das Letras Galegas, de Xerais, en edición anotada e comentada por Carmen Blanco e Claudio Rodríguez Fer.

1991: Publícase *Tempo de elexía* na editorial Vía Láctea, que é unha reedición revisada de *Elexías do Cou-*

rel e outros poemas. Ese mesmo ano, sae tamén o seu primeiro libro destinado ao público infantil: *O cubil do Xabarín* (Edelvives).

1992: Dá á luz o segundo libro infantil, *Gorgorín e Cabezón*, ilustrado por Quintana Martelo e Vázquez.

1994: Publica *Poemas de doada certeza i este brillo premido entre as pálpebras* en Espiral Maior, con gravados de Carlos Crego.

1995: Dáse a coñecer o libro *Camelio xaponés* (Consorcio da Cidade de Santiago), no que participa.

1996: Ten lugar o Encontro de Escritores Novos en Compostela, convocado pola AELG. Algunhas desa intervencións e a posterior de Novoneyra dan lugar a un vivo conflito xeracional que marcará a poesía desa década.

1998: Publica o poemario *Betanzos: Poema dos Caneiros e Estampas* (Concello de Betanzos). Tamén sae en Noitarenga *Dos soños teimosos* e en Edelvives o seu terceiro libro infantil: *Ilda, o lobo, o corzo e o xabarín*.

1999: Uxío Novoneyra falece o 30 de outubro en Compostela. Publícase o libro *Arrodeos e desvíos do camiño de Santiago e outras rotas* (Hércules).

[Todas as caligrafías da antoloxía
pertencen ao poemario *Poemas caligráficos*]

O camiño sobe
baixa torce
e morre ó lonxe...

VAI o José de Parada
atravesando il solo
a Devesa do Rebolo.

Cabalgando vagariño
cruza a terra do viño
cara Viana do Bolo.

Deixa a serra pasada.
Leva a alma asiñada
ca mágoa do camiño.

[De *Os Eidos*]

111

COUSOS do lobo!
Caborcos do xabarín!
Eidos solos
onde ninguén foi nin ha d'ir!

O lobo! Os ollos o lombo do lobo!

Baixa o lobo polo ollo do bosco
movendo nas flairas dos teixos
ruxindo na folla dos carreiros
en busca da vagoada máis sola e máis medosa...

Rastrexa
párase e venta
finca a pouta ergue a testa e oula cara o ceo
con toda a sombra da noite na boca.

[De *Os Eidos*]

NEVA no bico do cume
neva xa pola ladeira
neva no teito e na eira.

....
....
....

Eu a ollar pro lume
i o lume a ollarme.
O lume sin queimarme
fai de min fume...

[De *Os Eidos*]

CAI a neve cai cai
falopiña a falopiña
nin o vento a arremuiña
nin a auga a desfai.

....

Cido Castro de Brío nevados!
Baixa a neve ate os prados...

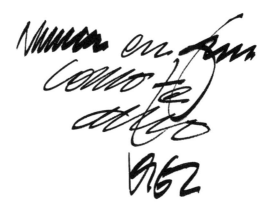

[De Os Eidos]

—FIANDEIRIÑA delgada
sempre metida a fiar
sempre a fiar e soñar
para logo non ser nada.

—Para logo non ser nada
eso inda está por ver
e pois cas frebas do liño
ó torcelas de camiño
algo se ha de prender.

—Algo se ha de prender
i afé que tiñas razón
que eu estábache mirando
sin deñar que encantenón
íbame indo namorando.

1954

[De *Os Eidos*]

PACEN as vacas
na nabarega.
Treme a pequena
que vai co'elas.
Febreiro chove
febreiro xea
febreiro neva
neve lixeira...

[De *Os Eidos*]

A Branca-Petra do Courel

NO bicarelo do bico do brelo
canta o paxariño.
No mesmiño
bicarelo do bico do brelo.

[De *Os Eidos*]

FALA a tarde baixiño
i o corazón sínteo...

[De *Os Eidos*]

PASTORA que pásala vida
no monte soliña!
Pastora que fías e cantas
ca roca á illarga!
Pastora que cantas e fías
lá branca merina!
Pastora que fías e cantas
á tardiña baixa!
Pastora que cantas e fías
á alta seriña!

[De *Os Eidos*]

CANTA a fontiña
canta a fontela
i anque a canción é dela
ten unha cousa miña
pola que podo entendela.

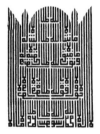

[De *Os Eidos 2*]

ANDO limpando a casa de cacharros e trastos
lacenas e faios sin deixar rechubazo.
Ando a tocarlle as maos ós antepasados...

1972

CHOVE pra que eu soñe...

[De *Poemas caligráficos*]

BIQUEI a sua tristura i atopei os labios.
Na aperta prendémolo Mundo.

Madrid *1964*

[De *Muller pra lonxe*]

GALICIA será a miña xeneración quen te salve?
Irei un día do Courel a Compostela por terras libradas?

Non a forza do noso amor non pode ser inutle!

1957

[De *Do Courel a Compostela*]

BAILAS e faisme libre.

Madrid
1966

[De *Do Courel a Compostela*]

GALICIA digo eu   ún di   *GALICIA*
GALICIA decimos todos   *GALICIA*
hastra os que calan din   *GALICIA*
e saben   *sabemos*

GALICIA da door   chora   *á forza*
GALICIA da tristura   triste   *á forza*
GALICIA do silencio   calada   *á forza*
GALICIA da fame   emigrante   *á forza*
GALICIA vendada   cega   *á forza*
GALICIA tapeada   xorda   *á forza*
GALICIA atrelada   queda   *á forza*

libre pra servir   *libre pra servir*
libre pra non ser   *libre pra non ser*
libre pra morrer   *libre pra morrer*
libre pra fuxir   *libre pra fuxir*

GALICIA labrega   GALICIA *nosa*
GALICIA mariñeira   GALICIA *nosa*
GALICIA obreira   GALICIA *nosa*

GALICIA irmandiña
GALICIA viva inda

recóllote da TERRA   estás mui fonda
recóllote do PUEBLO   estás n'il toda
recóllote da HISTORIA   estás borrosa

recóllote i érgote no verbo enteiro
no verbo verdadeiro que fala o pueblo
recóllote pros novos que vein con forza
pros que inda non marcou a malla d'argola
pros que saben que ti podes ser outra cousa
pros que saben que o home pode ser outra cousa

sabemos que ti podes ser outra cousa
sabemos que o home pode ser outra cousa

1968

[De *Do Courel a Compostela*]

NEVA pra atenuar o MUNDO

1985

[De *Do Courel a Compostela*]

CO teu pelo podería tecerse
a única cota de malla
contra das noites agudas

[De *Poemas da doada certeza*]

A Elba que veu pro Courel

Chegas do Norde.
Pasas da saga á cantiga.

Ilda vivía entre os tesos
nun torrepenelo.
Unha torre
ergueita sobor dunha gran
rocha no cabo do mundo.
A súa mai morrera
daquel único parto
e o pai nunca a levou
consigo nas súas
viaxes á corte
nin ós castelos
e pazos veciños.
Así medrou Ilda, illada na torrre,
sen ver máis mundo do que divisaba
da fiestra oeste do castelo
dende onde olla cruzar as xentes
polo camiño real
namentres maxina a gran cabalgata
en que partirá lonxe
cando sexa desposada.
Roxía o Lor ó fondo do val
e planaban as aigas de cume a cume
co mesmo vagar que pasaban os días.

Un día que non está o seu pai
—criados e familiares andaban todos
en faenas de fóra—
a doncela baixou ó patio do castelo
ver as gaiolas do lobo, o corzo
e o xabarín que lle regalaran vivos
os monteiros á volta da derradeira
cazata de inverno.
Ó pararse diante das gaiolas oíu
unha voz rouca.
Era o xabarín:
—¡Dona Ilda! Se nos
devolves ó monte,
prométoche andar
tódalas serras de Galicia
e León e pedirlle
a tódolos xabariños
que se veñan morar
ó Courel encol do castelo
de teu pai.

[De *Ilda, o lobo, o corzo e o xabarín*]

ÍNDICE